D1755329

Thich Nhat Hanh

*Liebesbrief
an die Erde*

Thich Nhat Hanh

Liebesbrief an die Erde

Aus dem Englischen
von Ursula Richard

nymphenburger

MIX
Papier aus verantwor-
tungsvollen Quellen
FSC® C014496

© 2013 by Unified Buddhist Church
© für die deutschsprachigen Rechte nymphenburger in der
F. A. Herbig Verlagsbuchhandlung GmbH, München 2014.
Die Originalausgabe erschien 2013 unter dem Titel
»Loveletter to the Earth« in den USA. Die vorliegende
Übersetzung erscheint gemäß Vereinbarung
mit Parallax Press, P.O. Box 7355, Berkeley, CA 94707.
Alle Rechte vorbehalten.
Umschlaggestaltung: atelier-sanna.com, München
Fotos Umschlag: Porträtfoto: Thay Phap Xa;
Hintergrundmotiv: Cees van Nile/Corbis
Satz: Buch-Werkstatt GmbH, Bad Aibling
Gesetzt aus: 10,5/17 pt Sabon
Druck und Binden: GGP Media GmbH, Pößneck
Printed in Germany
ISBN 978-3-485-02802-8
Auch als ebook

www.nymphenburger-verlag.de

Inhalt

1. Wir sind die Erde 7
2. Heilungsschritte 33
3. Willkommen zu Hause 61
4. Unsere Kraft verstärken 77
5. Übungen, um sich in
   Mutter Erde zu verlieben 87
6. Zehn Liebesbriefe an die Erde 101
   - I. Geliebte Mutter aller Dinge 105
   - II. Dein Wunder, Deine Schönheit
     und Deine Kreativität 108
   - III. Zärtlich auf Mutter Erde
     gehen 112
   - IV. Deine Beständigkeit,
     Deine Geduld und Dein alles
     umarmendes Wesen 115
   - V. Der Himmel auf Erden 118
   - VI. Unsere äonenlange Reise 121

VII.	Deine letzte Wirklichkeit: kein Tod, keine Furcht	125
VIII.	Vater Sonne, mein Herz	129
IX.	Homo conscius	132
X.	Kannst Du auf uns zählen?	136

Auf dem Weg zu einer kosmischen Religion 141
Der alte Bettelmönch 146

1.
Wir sind die Erde

IN DIESEM AUGENBLICK ist die Erde über Ihnen, unter Ihnen, um Sie herum und sogar in Ihnen. Die Erde ist überall. Vielleicht denken Sie, die Erde wäre nur der Boden unter Ihren Füßen. Doch das Wasser, das Meer, der Himmel und alles um uns herum stammen von der Erde. Oft vergessen wir, dass uns der Planet, auf dem wir leben, alle Bestandteile gegeben hat, aus denen unser Körper besteht. Das Wasser in unserem Fleisch, unsere Knochen und all die mikroskopisch kleinen Zellen in unserem Körper kommen alle von der Erde und sind Teil von ihr. Die Erde ist nicht bloß unsere Lebensumgebung. Wir sind die Erde und wir tragen sie stets in uns.

Wenn wir uns das bewusst machen, sehen wir, dass die Erde in der Tat lebendig ist. Wir sind eine lebende und atmende Erscheinungsform dieses schönen und freigebigen Planeten. Darum wissend, können wir unsere Beziehung zur Erde grundlegend verändern. Wir können einen anderen Weg einschlagen und anders als bisher für sie sorgen. Wir werden uns mit Haut und Haar in die Erde verlieben. Wenn wir in jemanden oder etwas verliebt sind, sind wir nicht von der Person oder Sache, die wir lieben, getrennt. Wir tun für sie, was wir können, und das erfreut und nährt uns sehr. Diese Art der Beziehung können wir auch zur Erde leben. Und es ist diese Art der Beziehung, die wir mit der Erde leben müssen, wenn sie überleben soll und wir mit ihr.

Die Erde enthält den gesamten Kosmos

Wenn wir die Erde nur als unsere natürliche Umgebung verstehen, erleben wir sie und uns als getrennte Einheiten. Vielleicht betrachten wir den Planeten dann lediglich in Hinsicht darauf, wie er uns nützen kann. Wir müssen erkennen, dass er und die Menschen auf ihm letztlich ein und dasselbe sind. Wenn wir die Erde in tiefgreifender Weise betrachten, sehen wir, dass sie ein Gebilde ist, das aus Nicht-Erde-Elementen besteht: der Sonne, den Sternen und dem gesamten Universum. Einige Bestandteile, wie Kohlenstoff, Silizium und Eisen,

sind vor langer Zeit in weit entfernten Supernovas entstanden. Ferne Sterne haben ihr Licht dazugegeben.
Wenn wir eine Blume anschauen, sehen wir, dass sie aus vielen verschiedenen Elementen besteht, weshalb wir sie auch als Gebilde bezeichnen. Eine Blume besteht aus vielen Nicht-Blumen-Elementen. Wir können das gesamte Universum in einer Blume sehen. Wenn wir eine Blume eingehend und tief betrachten, können wir die Sonne, den Boden, den Regen und die Gärtnerin sehen. In gleicher Weise können wir den gesamten Kosmos sehen, wenn wir die Erde auf diese Weise betrachten.
Viel Angst, Hass, Wut sowie Gefühle des Getrenntseins und der Entfremdung rühren von der Auffassung her, wir wären von der Erde getrennt. Wir sehen uns als den Mittelpunkt des Weltalls und sind in erster Linie um unser eigenes Überleben besorgt. Wenn wir uns um die Gesundheit und das Wohlergehen des Planeten kümmern, so tun wir das um unseretwillen. Die Luft soll sauber genug sein, damit wir sie atmen können. Das Wasser soll rein genug sein, damit wir etwas zu trinken haben. Doch wir müssen mehr tun, als Recyclingprodukte zu verwenden oder Umweltgruppen Geld zu spenden. Wir müssen unsere gesamte Beziehung zur Erde verändern. Wir neigen dazu, die Erde für eine unbelebte Sache zu halten, weil wir uns von ihr entfremdet haben. Wir haben uns sogar von unserem Körper entfremdet. Viele

Stunden täglich vergessen wir, dass wir überhaupt einen Körper haben. Wir sind so gefangen in unserer Arbeit und unseren Problemen und vergessen so, dass wir mehr sind als unser Verstand. Viele von uns sind krank, weil sie verlernt haben, ihren Körper zu beachten. Wir haben auch die Erde vergessen – dass sie ein Teil von uns ist und wir ein Teil von ihr. Da wir uns nicht um die Erde kümmern, sind wir beide krank geworden.

Wenn wir einen Grashalm oder einen Baum in tiefer Weise betrachten, sehen wir, dass sie nicht bloß Materie sind. Sie haben ihre ganz eigene Intelligenz. Ein Samenkorn weiß beispielsweise, wie es zu einer Pflanze mit Wurzeln, Blättern, Blüten und Früchten wird. Eine Kiefer ist nicht bloß Materie; sie verfügt über eine Art von Wissen. Ein Staubkorn ist nicht bloß Materie; jedes seiner Atome besitzt Intelligenz und ist lebendige Wirklichkeit.

Dieses Verständnis der tieferen, nichtdualistischen Natur der Dinge wird im Sanskrit *advaya jñana* genannt. Das bedeutet »die Weisheit des Nichtunterscheidens«. Es ist eine Sichtweise, die über Konzepte hinausgeht. Die klassische Naturwissenschaft geht von der Annahme aus, es gebe eine objektive Wirklichkeit, selbst wenn es den Geist nicht gäbe. Doch in der buddhistischen Tradition sagen wir, dass es den Geist sowie die Objekte des Geistes gibt und dass sich beide zur selben Zeit manifestieren. Wir können sie nicht voneinander trennen.

Objekte des Geistes werden vom Geist selbst geschaffen. Die Art und Weise, wie wir die Welt wahrnehmen, hängt zur Gänze davon ab, wie wir sie betrachten.

Wenn wir die Erde als lebenden und atmenden Organismus begreifen, können wir uns und auch die Erde heilen. Wenn unser Körper krank ist, sollten wir innehalten, uns ausruhen und ihm Beachtung schenken. Dann müssen wir in unserem Denken innehalten, uns unserem Ein- und Ausatmen zuwenden und zurück nach Hause in unseren Körper kommen. Wenn wir unseren Körper als ein Wunder sehen können, vermögen wir auch die Erde als ein Wunder zu sehen, und dann kann Heilung für den Körper der Erde einsetzen. Wenn wir nach Hause zu uns zurückkehren und uns um uns kümmern, heilen wir nicht nur unseren Körper, sondern helfen auch der Erde.

Die Erde ist ein wunderschöner Planet mit einer Vielzahl von Lebensformen, Klängen und Farben. Am Himmel können wir das Licht der Venus und weit entfernter Sterne sehen. Betrachten wir uns selbst, sehen wir, dass auch wir wunderschön sind. Unser Geist ist das Bewusstsein des Kosmos. Der Kosmos hat die wunderschöne menschliche Gattung hervorgebracht. Dank leistungsstarker Teleskope ist es uns Menschen möglich geworden, das All in seiner ganzen Pracht zu beobachten. Wir können Blicke in ferne Galaxien werfen. Wir sehen Sterne, deren Licht Hunderte Millionen Jahre benötigt, um die Erde zu erreichen. Der strahlende, erhabene Kosmos, den wir beobachten können, ist tatsächlich unser eigenes Bewusstsein und nichts außerhalb von ihm.

Die Erde ist ein Wunder

Wenn Sie die Erde eingehend betrachten, werden Sie bemerken, dass sie viele Tugenden hat. Ihre erste Tugend ist Stabilität. Sie ist standhaft, wenn sie mit Herausforderungen konfrontiert ist, und besitzt angesichts vieler menschengemachter Katastrophen weiterhin Ausdauer, Gelassenheit und Duldsamkeit.

Ihre zweite Tugend ist Kreativität. Die Erde ist eine unerschöpfliche Quelle von Kreativität. Sie hat so viele wunderschöne Lebewesen geboren, den Menschen eingeschlossen. Auch wenn es unter uns viele talentierte Musiker und Komponistinnen gibt, so hat doch die wundervollste Musik die Erde selbst komponiert. Einige von uns sind herausragende Malerinnen und Künstler. Doch die Erde hat die schönsten Landschaften geschaffen. Blicken wir in tiefer Weise, können wir eine Vielzahl der unendlichen Wunder, die es auf der Erde gibt, entdecken. Selbst der beste Wissenschaftler ist nicht in der

Lage, etwas so Schönes wie das Blütenblatt einer Kirschblüte oder die Zartheit einer Orchidee herzustellen.

Die dritte Tugend ist Nichtunterscheidung oder Gleichbehandlung. Damit ist gemeint, dass die Erde nicht urteilt. Wir Menschen haben achtlos viele Dinge getan, die die Erde geschädigt haben, und doch straft sie uns nicht. Sie entlässt uns ins Leben und heißt uns willkommen, wenn wir sterbend zu ihr zurückkehren.

Wenn Sie in dieser Weise tief betrachtend die Verbindung zur Erde spüren, werden Sie auch Bewunderung, Liebe und Hochachtung zu empfinden beginnen. Wenn Sie begreifen, dass die Erde so viel mehr als nur die Umwelt ist, wird Sie das dazu bewegen, sie so zu schützen, wie Sie sich selbst schützen würden. Zwischen ihr und Ihnen gibt es keinen Unterschied. In dieser Art Verbundenheit fühlen Sie sich nicht mehr entfremdet.

Unsere lebende, atmende Mutter

In seinem Buch *The Live of a Cell* (deutsch: *Das Leben überlebt*[1]) beschreibt der Biologe Thomas Lewis unseren Planeten als einen lebenden Organismus. Nach ei-

---

1 Thomas Lewis: *Das Leben überlebt*, Köln 1976.

nigen Überlegungen gelangt er zu der Einsicht, dass der gesamte Planet wie eine riesige lebende Zelle ist, deren Teile durch Symbiose alle miteinander verbunden sind. Er beschreibt die wunderbare Leistung der Erdatmosphäre als größter Membran der Welt. Lewis findet es sehr erstaunlich, dass die Erde lebt. Er ist beeindruckt von der unglaublichen Schönheit und dem Überfluss der Erde im Gegensatz zur öden Kraterlandschaft des Mondes und anderer Planeten. Er beschreibt die Erde vergleichend als »ein organisches, in sich geschlossenes Lebewesen, voller Wissen und wunderbar geschickt im Umgang mit der Sonne«.

Auch wir können sehen, dass die Erde ein lebendes Wesen und kein unbelebtes Objekt ist. Sie ist keine träge Materie. Oft nennen wir unseren Planeten »Mutter Erde«. Die Erde als unsere Mutter zu sehen hilft uns, uns ihrer wahren Natur bewusst zu werden. Die Erde ist keine Person, und doch ist sie tatsächlich eine Mutter, die Millionen Lebewesen einschließlich des Menschen geboren hat.

Unsere Mutter Erde hat uns das Leben geschenkt und uns mit allem versorgt, was wir für unser Überleben benötigen. Im Lauf von Äonen hat sie eine Umgebung entwickelt, in der Menschen in Erscheinung treten und gedeihen können. Sie hat eine geschützte Atmosphäre geschaffen mit Luft, die wir atmen können, Nahrung für uns im Überfluss und klares Wasser zum Trinken. Unablässig nährt und schützt sie uns. Wir können sehen, dass sie die Mutter von uns und allen Wesen ist.

Wir sind ein Kind der Erde, und unser Planet ist eine sehr freigebige Mutter, die uns umarmt und uns mit allem, was wir benötigen, versorgt. Und wenn wir eines Tages in dieser Form zu existieren aufhören, kehren wir zur Erde, unserer Mutter, zurück, nur um verwandelt zu werden, sodass wir in einer anderen Form in Erscheinung treten können.

Aber glauben Sie nicht, dass Mutter Erde außerhalb von Ihnen besteht. Wenn Sie in tiefgreifender Weise schauen, können Sie Mutter Erde ebenso in sich finden wie Ihre biologische Mutter, die Sie geboren hat. Sie steckt in jeder Ihrer Zellen.

Die Sonne

Wenn die Erde unsere wahre Mutter ist, so ist auch die Sonne ein wahrer Elternteil von uns. Gemeinsam ermöglichen sie das Leben auf der Erde. Die Energie der Sonne versetzt Lebensformen in die Lage, auf unserem Planeten zu existieren. Die Sonne bietet Pflanzen Licht und Wärme, sodass sie wachsen können. Ohne die Sonne gäbe es kein Leben.

Unzählige Kulturen haben der Sonne gehuldigt. In der buddhistischen Tradition gibt es viele, die Amitabha, den Buddha des Grenzenlosen Lichts, lobpreisen und glauben, sein Reines Land liege im Westen. Wir können diesen Buddha Mahavairocana Tathagatha nennen, den Buddha des Unendlichen Lichts und Lebens. Wir können sagen, dass die Sonne ein wahrer Buddha ist, denn sie schickt ihr Licht auf die Erde und liefert jede Minute des Tages allen Lebewesen auf dem Planeten Wärme, Licht, Energie und Leben. Die Sonne lässt sich nicht nur am Himmel finden; sie ist auch auf der Erde und in jedem von uns. Jeder von uns hat den Sonnenschein in sich. Ohne die Sonne wäre Leben auf der Erde unmöglich, kein Lebewesen könnte existieren. Wir können Sonne und Erde für unsere wahren Eltern halten und die wahren Eltern unseres biologischen Vaters und unserer biologischen Mutter und all unserer Vorfahren. Buddha, Mohammed, Jesus Christus und all unsere wundervollen Lehrerinnen und Lehrer sind Kinder dieses Planeten. Wir sind alle Kinder der Erde und der Sonne. Genauso wie wir die DNS unserer biologischen Eltern in uns tragen, tragen wir auch die Sonne und die Erde in jeder unserer Zellen.

Die höchste Form des Gebets

Wir empfinden möglicherweise eine gewaltige Ehrfurcht und ein Staunen angesichts der enormen Energie des Universums, und wir sind vielleicht zu glauben geneigt, es sei von einem menschengleichen Gott erschaffen worden. Wenn uns die mächtigen Kräfte der Natur beeindrucken, stellen wir uns oft vor, hinter den wütenden Stürmen stehe ein Gott, ein Donnergott, ein Regengott oder ein Gott, der über Ebbe und Flut waltet. Es ist so einfach zu glauben, diese höchst kreative Kraft könnte eine menschliche Gestalt haben.

Dennoch glaube ich nicht, dass Gott ein alter Mann mit weißem Bart ist, der im Himmel sitzt. Gott befindet sich nicht außerhalb der Schöpfung. Ich glaube, Gott ist auf der Erde, in jedem Lebewesen. Was wir »das Göttliche« nennen, ist nichts anderes als die Energie des Erwachens, des Friedens, des Verstehens und der Liebe, die nicht nur in jedem Menschen, sondern in jeder Art irdischem Lebewesen zu finden ist. Im Buddhismus sprechen wir davon, dass jedes fühlende Wesen die Fähigkeit zum Erwachen und zu tiefem Verstehen hat. Wir nennen das die Buddhanatur. Hirsch, Hund, Katze, Eichhörnchen und Vogel haben alle Buddhanatur. Aber wie steht es mit Lebewesen wie der Kiefer in unserem Vorgarten, dem Gras oder den Blumen? Als Teile unserer lebendigen Mutter Erde haben auch sie Buddhanatur. Das ist eine sehr wirkmächtige Erkenntnis, die in uns viel Freude erwecken kann. Jeder Grashalm, jeder Baum, jede Pflanze, jedes Geschöpf, ob klein oder groß – sie alle sind Kinder des Planeten Erde und besitzen Buddhanatur. Die Erde selbst hat Buddhanatur, daher müssen auch all ihre Kinder sie haben. Da wir alle über Buddhanatur verfügen, hat jeder die Fähigkeit, glücklich und mit einem Verantwortungsgefühl für unsere Mutter, die Erde, zu leben.

Jesus sagt in der Bibel: »Glaubt mir, dass ich im Vater bin und der Vater in mir.« (Johannesevangelium 14,11) Auch der Buddha lehrte, dass wir alle Teil voneinander sind. Wir stellen keine getrennten Einheiten dar. Vater und Sohn sind nicht völlig gleich, doch sie sind auch nicht völlig verschieden. Der eine ist im anderen. Wenn wir uns die Bildung unseres Körpers anschauen, sehen wir Mutter Erde in uns, und auf diese Weise ist auch das gesamte All in uns. Haben wir erst einmal diese Einsicht in das Intersein, unsere Verbundenheit und unser wechselseitiges Durchdrungensein, können wir wirklich mit der Erde kommunizieren. Das ist die höchst mögliche Form des Gebets.

Die Erde zu verehren bedeutet jedoch nicht, sie zu vergöttlichen oder zu glauben, sie wäre in irgendeiner Weise heiliger als wir. Die Erde zu verehren bedeutet, sie zu lieben, für sie zu sorgen und Zuflucht bei ihr zu suchen. Wenn wir leiden, umarmt uns die Erde, nimmt uns an und erneuert unsere Kraft, indem sie uns wieder stark und stabil macht. Die Erleichterung, nach der wir suchen, befindet sich direkt unter unseren Füßen und um uns herum. Viel von unserem Leiden kann geheilt werden, wenn wir uns das klarmachen. Wenn wir unsere tiefe Verbindung zur und Beziehung mit der Erde verstehen, werden wir genug Liebe und Kraft haben und so erwacht sein, dass wir beide gedeihen können.

Wenn wir leiden, brauchen wir Liebe und Verständnis. Wir selbst verfügen nicht ausreichend über diese Qualitäten, daher versuchen wir, sie außerhalb von uns zu finden, wenn wir leiden. Das ist ganz natürlich. Wir hoffen, dass uns jemand anders oder etwas anderes die Liebe und das Verständnis geben kann, die wir benötigen. Wer liebt und versteht, verkörpert Güte, Wahrheit und Schönheit. Wir wissen, dass wir etwas Güte, Wahrheit und Schönheit besitzen, doch vielleicht nicht in genügendem Ausmaß, damit wir glücklich sind. Wir wissen nicht, wie wir diese Tugenden in ihrem Wachstum unterstützen können, um wirkliche Einsicht und Weisheit zu erlangen. Die Erde besitzt alle Tugenden, nach denen wir suchen, einschließlich Kraft, Stabilität, Geduld und Mitgefühl. Sie umarmt jeden. Wir brauchen keinen blinden Glauben, um dies zu erkennen. Wir müssen unsere Gebete weder an eine entfernte oder abstrakte Gottheit richten noch ihr unsere Dankbarkeit bezeugen, zumal es vielleicht schwer oder unmöglich ist, mit ihr in Kontakt zu treten. Wir können unsere Gebete direkt an die Erde richten und ihr ganz unmittelbar danken. Die Erde ist genau hier. Sie unterstützt uns auf sehr konkrete und greifbare Art und Weise. Niemand kann leugnen, dass das Wasser, das uns am Leben hält, die Luft, die wir atmen, und die Nahrung, die uns sättigt, Geschenke der Erde sind.

Die schönste Bodhisattva

Ein *bodhisattva* ist ein lebendes Wesen, das erwacht ist und Glück, Verstehen und Liebe besitzt. Jedes Wesen, das diese Qualitäten zum Ausdruck bringt, kann Bodhisattva genannt werden. Bodhisattvas sind überall um uns. Jeder, der die Liebe pflegt und anderen Glück schenkt, ist ein Bodhisattva.

Bodhisattvas sind nicht notwendigerweise Menschen. In den Jatakas[1] wird der Buddha als Bodhisattva bezeichnet und verkörpert sich mal als Hirsch, mal als

---

1 Erzählungen über die früheren Leben des Buddha. (Anm. d. Übers.)

Affe, mal als Baum oder sogar als Felsen. Auch diese Verkörperungen können Bodhisattvas genannt werden. Ein Baum kann zufrieden, glücklich und frisch sein sowie Sauerstoff, Schatten, Schutz und Schönheit spenden. Ein Baum kann das Leben nähren. Er kann vielen Geschöpfen Unterschlupf bieten.

Wenn wir unseren Planeten betrachten, erkennen wir, dass die Erde die schönste Bodhisattva von allen ist. Sie ist die Mutter vieler großartiger Wesen. Wie könnte bloße Materie all die wunderbaren Dinge tun, die die Erde tut? Suchen Sie nicht in Ihrer Vorstellung nach einem Bodhisattva. Die Bodhisattva, nach der Sie suchen, ist direkt unter Ihren Füßen. Mutter Erde ist kein abstrakter oder vager Gedanke. Sie ist *wirklich* – sie ist eine lebendige Realität, die Sie mit Ihren Händen greifen, die Sie schmecken, riechen, hören und sehen können. Sie hat uns das Leben geschenkt. Wenn wir sterben, kehren wir zu ihr zurück, und sie wird uns das Leben wieder und wieder geben. Manche Menschen beten, dass sie an einem Ort wiedergeboren werden, an dem es kein Leiden gibt. Doch sie wissen nicht, ob ein solcher Ort wirklich existiert. Astronomen sind in der Lage, viele entfernte Galaxien mittels leistungsstarker Teleskope zu beobachten, doch sie haben bisher nichts, was der Schönheit des Planeten Erde gleicht, gefunden. Wo sonst sollten Sie hingehen wollen, wo doch Mutter

Erde so schön ist und jederzeit bereit, Sie zu umarmen und zu Hause willkommen zu heißen?

Dreimal verließ ich die Erde
und fand keinen anderen Ort,
an den ich hätte gehen können.
Bitte gebt acht auf das Raumschiff Erde.

Walter Schirra, 1998
(Astronaut des Mercury-, Gemini- und
Apollo-Programms für Weltraumflüge)

Wir können die Erde als Bodhisattva bezeichnen, die läutert und erfrischt. Wir können auf die Erde duftende Blumen streuen; wir können die Erde auch mit Urin und Kot bewerfen, doch die Erde macht keinen Unterschied zwischen dem einen und dem anderen. Sie nimmt alles an, gleichgültig ob es rein oder unrein ist, und wandelt es um, egal wie lange diese Umwandlung dauern mag.

Die Erde ist die Mutter so vieler Buddhas, Bodhisattvas und Heiliger. Sie ist die Mutter von uns allen. Obwohl sie kein Bodhisattva in menschlicher Gestalt ist, besitzt sie die Fähigkeit, uns zu gebären, zu tragen, zu nähren und zu heilen. Sie verfügt über Stabilität, Geduld und Ausdauer. Das Lotos-Sutra erwähnt den Erdspeicher-Bodhisattva Ksitigarbha. Er verfügt über die Eigenschaften der Erde: Ausdauer, Festigkeit und große Entschlossenheit. Er hat gelobt, an die dunkelsten Orte zu gehen, um Wesen zu retten, die sich voller Verzweiflung in ungerechten und konfliktreichen Situationen befinden. Nie lässt er in seiner Entschlossenheit nach, dahin zu gehen, wo er am meisten gebraucht wird – in Gefängnisse, in Kriegsgebiete und Höllenbereiche.

Mutter-Erde-Bodhisattva besitzt die Fähigkeit, wunderbare Schöpfungen hervorzubringen und zu umarmen, einschließlich Buddhas, Bodhisattvas und Heiliger – Menschen, die über viele Fähigkeiten und Talente verfügen – und so vieler weiterer Lebewesen. Wenn wir Wasser trinken, wissen wir, dass dieses Wasser als Geschenk der Erde zu uns kommt. Wenn wir atmen, wissen wir, dass die Luft ein Geschenk unserer Mutter ist. Wenn wir essen, wissen wir, dass unsere Nahrung ebenfalls ein Geschenk von Mutter Erde ist. Mit diesem Bewusstsein wird es für uns ganz natürlich, unserem Planeten mit Ehrerbietung zu begegnen.

Manchmal, bei Naturkatastrophen, Wirbelstürmen oder Tsunamis, geben Menschen der Erde die Schuld und sagen, sie sei herzlos und rachsüchtig. Wenn die Erde uns dagegen Regen, Flüsse und gute Böden liefert, loben wir sie, sind voller Anerkennung und Dankbarkeit für alles, was sie uns gegeben hat, und sagen, sie sei gütig. Doch die Vorstellung von gütig und herzlos ist ein von unserem Verstand geschaffenes Gegensatzpaar. Die Erde ist weder gütig noch herzlos. Sie ist da in all ihrer Stabilität und Festigkeit, nährt uns mit Gleichmut und ohne über uns zu urteilen oder Unterschiede zwischen uns zu machen. Betrachten wir sie in tiefgreifender Weise, können auch wir sie, ohne zu urteilen und ohne Unterscheidungen zu machen, ansehen.

Die Erde ist ein zuverlässiger Zufluchtsort

Wenn wir uns zerbrechlich oder instabil fühlen, können wir zu uns zurückkehren und Zuflucht bei der Erde finden. Mit jedem Schritt, den wir tun, können wir ihre Festigkeit unter unseren Füßen spüren. Wenn wir wirklich mit der Erde in Verbindung sind, können wir ihre unterstützende Umarmung und ihre Beständigkeit spüren. Wir nutzen unseren ganzen Körper und Geist, um zur Erde zurückzukehren und uns ihr zu überlassen und hinzugeben. Mit jedem Ausatmen lassen wir unsere Unruhe, unsere Zerbrechlichkeit und unser Leiden los. Wenn wir uns ihrer wohlwollenden Gegenwart bewusst sind, kann uns allein das schon Erleichterung verschaffen.

Kurz vor seiner Erleuchtung berührte der Buddha die Erde mit seiner Hand und bat sie, Zeugin seines Erwachens zu sein. Zur Feier sprossen dort Blumen aus dem Boden, wo seine Hand ihn berührt hatte. In diesem Augenblick wurde der Geist des Buddha so frei und so klar, dass er Millionen Blumen sah, die ihm von überall her zulächelten.

Wir können es dem Buddha gleichtun und in schwierigen Momenten die Erde als unsere Zeugin berühren. Wir können Zuflucht zu ihr als unserer ursprünglichen Mutter nehmen. Wir können sagen: »Ich berühre die reine und erquickende Erde.« Egal welcher Nationalität oder Kultur wir angehören, egal welcher Religion wir folgen, ob wir nun Buddhisten, Christen, Muslime, Juden oder Atheisten sind, wir alle können erkennen, dass Mutter Erde eine große Bodhisattva ist. Wenn wir sie auf diese Weise, mit all ihren Tugenden, sehen, werden wir behutsamer auf ihr gehen und sie und all ihre Kinder sanfter behandeln. Dann werden wir sie und jede der Myriaden von Lebensformen, die sie geboren hat, schützen und nicht schädigen wollen. Dann werden wir aufhören, Mutter Erde Zerstörung und Gewalt anzutun. Dann werden wir die Frage, die wir irrtümlich als »das Umweltproblem« bezeichnen, beantworten können. Die Erde ist nicht bloß die natürliche Umwelt. Die Erde sind *wir*. Alles hängt davon ab, ob wir zu dieser Einsicht gelangen.

Wenn Sie in der Lage sind, die Erde als die Bodhisattva zu erkennen, die sie ist, werden Sie sich vor ihr verbeugen und sie voller Ehrfurcht und Achtung berühren wollen. Dann werden Liebe und Fürsorge in Ihrem Herzen geboren werden. Dieses Erwachen ist Erleuchtung. Suchen Sie nicht woanders danach. Dieses Erwachen, diese Erleuchtung wird einen großen Wandel in Ihnen bewirken, und Sie werden daraus mehr Glück, mehr Liebe und mehr Verstehen als aus jeder anderen Art des Praktizierens ziehen. Erleuchtung, Befreiung, Frieden und Freude sind keine Zukunftsträume; sie sind eine Wirklichkeit, die uns im gegenwärtigen Augenblick zugänglich ist.

Jetzt ist die Zeit

Wir können nicht länger warten, um unsere Beziehung zur Erde wiederherzustellen, denn im Augenblick sind die Erde und jedes Lebewesen auf ihr in wirklicher Gefahr. Wenn eine Gesellschaft von Gier und Stolz durchdrungen ist, gibt es Gewalt und unnötige Verwüstung.

Wenn wir gegenüber unserer eigenen und anderen Gattungen Gewalt ausüben, sind wir zugleich auch gewalttätig zu uns selbst. Wenn wir wissen, wie wir alle Wesen schützen können, werden wir auch uns selbst schützen. Eine spirituelle Revolution ist vonnöten, wenn wir den ökologischen Herausforderungen, denen wir uns gegenübersehen, begegnen wollen.

Viele von uns fühlen sich verloren. Wir arbeiten zu viel, unser Leben ist zu geschäftig; wir verlieren uns im Konsum und in Zerstreuungen aller Art und fühlen uns immer verlorener, einsamer und kränker. Viele von uns leben ein sehr isoliertes Leben. Wir sind nicht länger in Verbindung mit uns selbst, unserer Familie, unseren Vorfahren, der Erde oder den Wundern des Lebens, die sich um uns herum abspielen. Wir fühlen uns entfremdet und einsam. Diese Entfremdung ist eine Art von Krankheit, die zur Epidemie geworden ist. So viele von uns fühlen sich innerlich leer und suchen nach etwas, um das Vakuum zu füllen. Wir versuchen, die Leere mit Pillen, Rauschgiften oder durch Konsum zu füllen. Doch unsere Abhängigkeit vom Konsum, vom Kaufen und Verbrauchen von Dingen, die wir nicht brauchen, bereitet sowohl uns selbst als auch der Erde viel Stress und viel Leiden. Unser Verlangen nach Ruhm, Reichtum und Macht ist unersättlich und belastet unseren Körper und den Planeten schwer. Wir erkennen nicht, dass nicht Ruhm, Reichtum und Macht uns glücklich machen werden, sondern unser Grad an achtsamer Bewusstheit.

Sich verlieben

Ein wirklicher Wandel wird nur einsetzen, wenn wir uns in unseren Planeten tatsächlich verlieben. Nur die Liebe kann uns zeigen, wie wir in Einklang mit der Natur und miteinander leben können; nur sie wird uns vor den Folgen der Umweltzerstörung und des Klimawandels retten. Wenn wir die Tugenden und Talente der Erde erkennen, fühlen wir uns mit ihr verbunden und Liebe wird in unserem Herzen geboren. Wir wollen uns verbunden fühlen. Das ist der Sinn der Liebe: eins zu sein. Wenn Sie jemanden lieben, wollen Sie sich um diese Person so kümmern, wie Sie sich auch um sich selbst kümmern. Wenn wir auf diese Weise lieben, ist die Liebe wechselseitig. Dann werden wir alles zum Nutzen der Erde tun, und wir können darauf vertrauen, dass auch sie ihrerseits alles in ihrer Macht Stehende zu unserem Wohlergehen beitragen wird.

Jeden Morgen, nachdem ich aufgewacht bin und mich angezogen habe, verlasse ich meine Hütte und gehe spazieren. Für gewöhnlich ist der Himmel noch dunkel, und ich gehe mit behutsamen Schritten, der mich umgebenden Natur und der verblassenden Sterne gewahr. Einmal schrieb ich, als ich von meinem Morgenspaziergang zurück in meine Hütte kam: »Ich bin in die Erde verliebt.« Ich war aufgeregt wie ein verliebter junger Mann. Mein Herz klopfte vor Aufregung.

Wenn ich an die Erde denke und meine Fähigkeit, auf ihr zu gehen, denke ich: »Ich werde hinaus in die Natur gehen und all das Schöne, all ihre Wunder genießen.« Mein Herz ist voller Freude. Die Erde gibt mir so viel. Ich bin so verliebt in sie. Es ist eine wundervolle Liebe, es gibt keine Untreue. Wir vertrauen unser Herz der Erde an, und sie vertraut sich uns mit ihrem ganzen Wesen an.

Wenn wir den gesamten Globus als einen großen Tautropfen betrachten, auf dem Kontinente und Inseln als Streifen und Punkte erscheinen und der, mit allen anderen Sternen in gemeinsamem Singen und Leuchten vereint, durch den Weltraum fliegt, erscheint das ganze Universum als ein unendlicher Sturm der Schönheit.

John Muir: *Travels in Alaska* (1915)

2.
Heilungsschritte

ES GIBT VIELE ARTEN von Medizin, doch die meisten Medikamente mildern das Leiden in unserem Körper und unserem Geist nur vorübergehend. Sie heilen nicht die Ursachen unserer Krankheit. Achtsamkeit aber ist ein wirklich heilsamer Balsam, der uns helfen kann, unser Gefühl der Entfremdung zu beenden sowie uns selbst und unseren Planeten zu heilen. Wenn wir uns erden, eins mit der Erde werden und sie mit Sorgfalt zu behandeln vermögen, wird sie uns nähren und unseren Körper und Geist heilen. Dann wird unsere körperliche und geistige Krankheit geheilt werden und unserem Körper und Geist wird es wohlergehen.

Die Grundlage des Glücks

Achtsamkeit ist ein nicht urteilendes Gewahrsein von allem, was in uns und um uns herum geschieht. Sie führt uns zurück zur Grundlage des Glücks, gegenwärtig im Hier und Jetzt zu sein. Achtsamkeit ist immer Achtsamkeit für etwas. Wir können achtsam für unseren Atem, unsere Schritte beim Gehen, unsere Gedanken und unser Handeln sein. Achtsamkeit erfordert, dass wir all unsere Aufmerksamkeit auf das richten, was wir tun, ob wir nun gehen oder atmen, uns die Zähne putzen oder einen Imbiss zu uns nehmen. Wenn wir uns auf unseren Atem und unsere Schritte konzentrieren, können wir die Schönheit der Erde um uns klarer erkennen. Wir atmen und gehen mit Achtsamkeit und Dankbarkeit.

Wir benötigen ein Wissen darüber, wie wir in unserem täglichen Leben Freude und Glück erzeugen und unseren Schmerz und unser Leiden erkennen und damit umgehen können. Die Achtsamkeitspraxis hilft uns, jeden Augenblick des Lebens, der uns zu leben gegeben ist, in seiner ganzen Tiefe zu genießen. Wenn wir achtsames Atmen und achtsames Gehen praktizieren, verbinden wir uns mit den Wundern unseres Körpers; wenn wir uns mit unserem Körper verbinden, verbinden wir uns mit der Erde; und wenn wir uns mit der

Erde verbinden, verbinden wir uns mit dem gesamten Kosmos. Die Achtsamkeitspraxis hilft uns, Mutter Erde in unserem Körper zu berühren. Die Heilung unseres Körpers und Geistes muss Hand in Hand gehen mit der Heilung der Erde. Diese Art des Erwachens ist entscheidend für ein kollektives Erwachen. Achtsam zu sein ist ein Akt des Erwachens. Es ist nötig, dass wir aufwachen und erkennen, dass die Erde in Gefahr ist und auch alle Lebewesen in Gefahr sind.

Achtsamkeit für die Erde und ein tiefes Gewahrsein von ihr kann uns auch helfen, mit Schmerz, schwierigen Gefühlen und Emotionen umzugehen. Es vermag uns zu helfen, unser eigenes Leiden zu heilen, und es stärkt unsere Fähigkeit, uns des Leidens anderer bewusst zu sein. Unsere Bewusstheit von der Freigebigkeit der Erde wird ein angenehmes Gefühl in uns erzeugen. Das Wissen, wie wir Augenblicke der Freude und des Glücks schaffen können, ist für unsere Heilung entscheidend. Es ist so wichtig, dass wir fähig sind, die Wunder des Lebens um uns wahrzunehmen und die Voraussetzungen für Glück, die bereits existieren, zu erkennen. Dann sind wir auch imstande, mit der Kraft der Achtsamkeit die Gefühle der Wut, der Angst und der Verzweiflung zu erkennen, zu umarmen und zu verwandeln. Wir lassen nicht zu, dass wir von diesen unangenehmen Gefühlen überwältigt werden.

Wenn wir Achtsamkeit praktizieren, werden wir uns auf natürliche Weise mehr auf die Erde einstimmen. Sind wir fähig, uns selbst und einander mit Achtsamkeit und Mitgefühl zuzuhören, stärken wir so unsere Fähigkeit, auch unserem Planeten zuzuhören. Indem wir mitfühlendes Zuhören gegenüber der Erde praktizieren, hören wir, wie dringend sie darauf angewiesen ist, dass wir uns wieder mit ihr und miteinander verbinden. Es macht keinen Unterschied, ob wir uns selbst oder die Erde heilen.

Jedes Mal, wenn wir etwas in Achtsamkeit tun, verbinden wir uns tiefer mit unserem Planeten. Mit der Erde in Verbindung zu kommen wird unser Leiden, unsere Depression und unsere Krankheit heilen. Wenn wir achtsam ein Stück Brot essen, sehen wir in ihm die Erde, die Sonne, die Wolken, den Regen und die Sterne. Ohne diese Elemente wäre das Brot nicht vorhanden. Wir erkennen, dass der gesamte Kosmos in diesem Stück Brot zusammengekommen ist.

Unsere Zeit hier genießen

Viele Menschen verkürzen ihre Zeit auf diesem schönen Planeten dadurch, dass sie Alkohol, Zigaretten, zu viel Essen oder den Geist vergiftende Medien konsumieren, um zu verdecken, was sie fühlen. Diese Art des Verhaltens schädigt unsere Gesundheit. Stattdessen können wir unser Leben verlängern und bereichern, indem wir in jedem Augenblick achtsam sind.

Wir leben zusammen auf diesem Planeten Erde. Die Erde ist wie ein riesiger Vogel, der mit uns auf eine wunderbare Reise geht. Die Erde unterstützt und befördert uns, indem sie mit einer Geschwindigkeit von 100 000 Kilometern in der Stunde um die Sonne reist. Wir sollten unsere Sicherheitsgurte anlegen. Wir sollten jeden Augenblick genießen. In jedem von ihnen können wir mit den Wundern des Lebens verbunden sein. Wir müssen weder vor unseren schmerzhaften Gefühlen weglaufen oder sie zudecken noch müssen wir unangenehme Erinnerungen vergessen. Wir brauchen nichts, was uns zu vergessen hilft. Wir brauchen nur das Wissen, wie wir uns erinnern können; wir brauchen das Wissen, wie wir Augenblicke der Freude und des Glücks schaffen, wie wir das, was uns innerlich nährt, stärken und wie wir uns der Wunder des Lebens um uns herum bewusst werden können.

Wenn ich achtsam bin, genieße ich alles intensiver, von meinem ersten Schluck Tee bis zu meinem ersten Schritt vor die Tür am Morgen. Ich bin ganz im Hier und Jetzt gegenwärtig und werde nicht von meinen Sorgen, Ängsten, Projekten, der Vergangenheit oder der Zukunft mitgerissen. Ich bin hier und stehe dem Leben zur Verfügung. Dann steht auch das Leben mir zur Verfügung. Jeder Moment kann ein glücklicher sein. Seien Sie anderen ein Beispiel, indem Sie achtsam sind und Achtsamkeit und Glück hervorbringen. Das wird andere befähigen, das Gleiche für sich selbst zu tun.

Um gemeinsam unsere Zeit während dieses Flugs in die Zukunft zu genießen, müssen wir unsere Sicherheitsgurte der Achtsamkeit anlegen, die uns hier in der Gegenwart halten, sodass wir das Leben in jedem Augenblick tief erfahren können. Achtsamkeit kann uns im gegenwärtigen Augenblick verankern, sodass wir uns nicht in der Zukunft oder der Vergangenheit verlieren. Jeder von uns ist mit diesem Sicherheitsgurt ausgerüstet, doch wir nutzen ihn nicht immer. Jetzt ist es an der Zeit, ihn anzulegen.

Jede Sekunde des Lebens ist voller kostbarer Edelsteine. Diese Edelsteine sind unser Gewahrsein des Himmels, der Erde, der Bäume, der Hügel, des Flusses, des Ozeans und all der Wunder um uns. Wir wollen keine Zeit totschlagen. Wir wollen die Zeit, die uns zum

Leben gegeben ist, so intensiv wie möglich nutzen. Jeden Morgen, wenn wir erwachen, sehen wir, dass wir 24 brandneue Stunden geschenkt bekommen haben. Wenn wir über Achtsamkeit, Konzentration und Einsicht verfügen, können wir diese 24 Stunden vollständig und mit Freude erleben. In 24 Stunden können wir die Kraft des Verstehens und des Mitgefühls erzeugen, die uns, unserem Planeten und jeder Person, mit der wir in Berührung kommen, zugutekommen wird.

Wenn ich aufwache, nehme ich mir einen Moment Zeit, um zu genießen, wie ich mir das Gesicht wasche. Im Winter ist das Wasser in meiner Hütte sehr kalt; daher öffne ich den Hahn nur ein klein wenig, sodass das Wasser Tropfen für Tropfen herausfließen kann. Ich halte meine Hand unter den Hahn und komme ganz mit dem Gefühl des kalten Wassers in Berührung. Das hilft mir aufzuwachen. Es ist sehr erfrischend! Ich nehme ein paar dieser Wassertropfen, führe sie sanft an meine Augen und spüre, wie es die Augen erfrischt. Ich genieße das sehr. Ich bin nicht in Eile, fertig zu werden. Ich genieße es, den Hahn aufzudrehen; ich genieße es, das Wasser auf meinem Gesicht zu spüren. Ich denke überhaupt nicht. Ich genieße nur, am Leben zu sein. Ich nehme mir die Zeit, um den Genuss, den mir die Wassertropfen bereiten, wirklich zu spüren. Achtsamkeit, Konzentration und Einsicht helfen mir, zu sehen, dass dieses Wasser von sehr weit hergekommen ist: von ganz weit oben aus den Bergen und von tief unten aus der Erde. Das Wasser kommt von so weit her bis in mein Badezimmer. Wenn ich das erkenne, fühle ich mich sofort glücklich. Mit Achtsamkeit ist jeder Augenblick, in dem ich am Leben bin, ein Edelstein, und jeder Augenblick kann zu einem Augenblick des Glücks und der Freude werden.

Mit dem Planeten atmen

Die Grundlage aller Achtsamkeitspraxis ist das Gewahrsein des Atems. Es gibt keine Achtsamkeit, ohne dass wir unseres Ein- und Ausatmens gewahr wären. Achtsamkeit für das Atmen vereinigt Körper und Geist und hilft uns dabei, uns dessen, was in uns und außerhalb von uns geschieht, bewusster zu werden. In unserem Alltag vergessen wir oft, dass Geist und Körper verbunden sind. Unser Körper ist da, doch nicht unser Geist. Manchmal verlieren wir uns in einem Buch, einem Film, dem Internet oder einem elektronischen Spiel, und wir sind weit weg von unserem Körper und der Wirklichkeit, in der wir uns befinden. Wenn wir uns von dem Buch lösen oder vom Bildschirm aufblicken, begegnen wir möglicherweise Gefühlen wie Angst, Schuld, Furcht oder Irritation. Selten kehren wir zurück zu unserem inneren Frieden, zu unserer inneren Insel der Ruhe und Klarheit, um mit der Erde verbunden zu sein.

Wir können so in unseren Plänen, Ängsten, Erregungen und Träumen gefangen sein, dass wir nicht mehr in unserem Körper leben und auch nicht mehr in Verbindung mit unserer wirklichen Mutter, der Erde, sind. Dann werden wir auch die zauberhafte Schönheit und Großartigkeit unseres Planeten nicht mehr sehen. Wir leben dann mehr und mehr in der Welt unserer Vorstellungen und entfremden uns immer mehr von der physischen Welt. Kehren wir zu unserem Atmen zurück, führt dies Körper und Geist wieder zusammen und erinnert uns an das Wunder des gegenwärtigen Augenblicks. Unser Planet ist genau hier und er ist in jedem Augenblick mächtig, freigebig und unterstützend. Haben wir diese Eigenschaften der Erde erst einmal erkannt, können wir in schwierigen Momenten Zuflucht bei ihr suchen und es uns auf diese Weise leichter machen, unsere Angst und unser Leiden zu umarmen und zu verwandeln.

Achtsamkeit für das Einatmen und Ausatmen beruhigt uns zuallererst. Indem Sie Ihrem Atmen mit Achtsamkeit und ohne zu urteilen begegnen, bringen Sie von neuem Frieden in Ihren Körper und lösen Schmerz und Anspannung. Sie können sagen:

Einatmend beruhige ich meinen Körper.
Ausatmend ist mein Körper in Frieden.
Einatmend nehme ich Zuflucht zu Mutter Erde.
Ausatmend gebe ich all mein Leid an die Erde.

Wenn unser Geist und unser Körper sich beruhigt haben, fangen wir an, klarer zu sehen. Wenn wir klarer sehen, fühlen wir uns stärker mit uns selbst und der Erde verbunden und haben mehr Verständnis erlangt. Wo Klarheit und Verständnis bestehen, kann Liebe blühen, denn wirkliche Liebe beruht auf Verständnis.
Vielleicht erscheinen uns die Probleme der Erde und unsere eigenen überwältigend, und wir fühlen uns hilflos. Doch schon allein dadurch, dass wir auf unseren Atem achten, können wir die Klarheit schaffen, die uns zu der Einsicht verhilft, was wir tun können, um uns selbst und unserer Welt zu helfen.
Einige Menschen haben Asthma oder ihnen fällt es aus anderen Gründen schwer, frei zu atmen. Wenn unsere Lunge dagegen gesund und unsere Nase nicht verstopft ist, ist das Atmen leicht für uns. Wir sollten diese Fähigkeit begrüßen und jeden Atemzug als Wunder genießen. Jeder Atemzug enthält Stickstoff, Sauerstoff und

Wasserdampf sowie Spurenelemente, sodass wir jedes Mal, wenn wir einatmen, auch die Erde einatmen. Mit jedem Atemzug werden wir daran erinnert, dass wir Teil dieses wunderschönen, lebenspendenden Planeten sind.

Nichts tun ist etwas tun

Zu meditieren bedeutet nicht, dass wir vor dem Leben davonlaufen, sondern dass wir uns Zeit nehmen, uns selbst und die Lage, in der wir uns befinden, in aller Tiefe anzuschauen. Meditation stellt eine Möglichkeit dar, uns um unseren Körper und unseren Geist zu kümmern. Deshalb ist sie so wichtig. Wir geben uns Zeit, unser Denken zur Ruhe kommen zu lassen, zu sitzen, zu gehen, zu atmen – wobei wir nichts tun, wir kehren nur zu uns selbst und dem, was uns umgibt, zurück. Wir geben uns Zeit, um die Spannung in unserem Körper und unserem Geist zu lösen. Anschließend können wir uns und unsere Lage gründlich betrachten.

Wenn wir uns hilflos und überwältigt fühlen, wenn wir Angst haben, wütend oder verzweifelt sind, dann wird all unser Handeln, um uns selbst oder unseren Planeten zu heilen, erfolglos bleiben. Meditieren ist das Grundlegende und Entscheidende, was wir tun können. Meditieren bedeutet, dass wir uns eine Gelegenheit geben, uns von Verzweiflung zu befreien, in Berührung mit Nichtangst zu kommen und unser Mitgefühl zu nähren. Mit der Einsicht und der Furchtlosigkeit, die aus der Meditation entstehen, werden wir fähig sein, nicht nur uns selbst, sondern auch anderen Lebewesen und unserem Planeten zu helfen.

Wenn Sie Sitzmeditation praktizieren, bringen Sie als Erstes Ihrem Atem und Ihrem Körper Frieden. Achten Sie auf Ihr Einatmen und auf Ihr Ausatmen. Ihr Atem wird natürlicherweise friedvoller und ruhiger und zudem sehr angenehm werden. Sitzen Sie allein wegen der Freude und Stärkung, die Sie beim Sitzen erfahren.

Hören Sie auf zu denken und seien Sie einfach bei Ihrem Atem. Atmen Sie achtsam, führen Sie Ihren Atem heim zu Ihrem Körper. Richten Sie Ihre Achtsamkeit auf Ihren Körper, entspannen Sie ihn, lösen Sie die in ihm möglicherweise vorhandenen Spannungen. Ihr Körper ist ein Wunder. Wenn Sie das Wunder Ihres Körpers berühren können, haben Sie Gelegenheit, auch Mutter Erde in Ihnen als ein Wunder zu berühren, woraufhin unverzüglich Heilung einsetzen wird – wir brauchen nicht zehn Jahre darauf zu warten, dass Heilung stattfindet. Viele von uns sind krank geworden, weil sie sich von ihrem Körper und vom Körper der Erde entfremdet haben. Daher besteht die Praxis darin, heim zu Mutter Erde zu kehren, um die Heilung und Nahrung, die wir so dringend brauchen, zu erhalten. Mutter Erde ist stets bereit, uns zu umarmen und dabei zu helfen, uns zu nähren, uns zu heilen. Indem wir heil werden, helfen wir zugleich auch der Erde, heil zu werden.

Wir neigen zu der Annahme, dass wir etwas *tun* müssten, um die Erde zu heilen. Doch allein schon in Achtsamkeit und Konzentration zu sitzen bewirkt etwas. Wir müssen nicht kämpfen, um den Nutzen des Sitzens zu spüren. Lassen Sie sich einfach in Ruhe sitzen. Gestatten Sie sich, Sie selbst zu sein. Tun Sie nichts. Erlauben Sie sich lediglich, dass das Sitzen und das Atmen geschehen können. Bemühen Sie sich nicht; die Entspannung wird kommen. Wenn Sie sich vollständig entspannt haben, wird Heilung von selbst stattfinden. Es gibt keine Heilung ohne Entspannung. Und Entspannung bedeutet, nichts zu tun. Es gibt nur atmen und sitzen. Tun Sie Ihrem Atem keine Gewalt an. Erlauben Sie ihm einfach, seinem natürlichen Rhythmus zu folgen. Wir genießen einfach unser Ein- und Ausatmen. Heilung beginnt, wenn Sie nicht versuchen, etwas zu tun. Das ist die Praxis der Nichtpraxis.

Wenn wir wissen, wie wir Zuflucht zu Mutter Erde nehmen können, werden wir Heilung durch Sitzen, Gehen oder einfach durch Atmen erfahren. Wir können ihre Festigkeit unter unseren Füßen spüren; wir können ihre Erhabenheit in hohen Berggipfeln und Seen, im weiten blauen Himmel, in sich dahinschlängelnden Flüssen und tiefen Ozeanen finden. Wenn wir wirklich an die Macht und das Vermögen des Planeten glauben, sich selbst zu heilen, wissen wir, dass er auch uns heilen kann. Wir müssen überhaupt nichts tun. Überlassen wir uns nur Mutter Erde, und sie wird alles für uns tun. Wir sind die Erde. Die Erde ist eins mit uns. Wir können diesen Prozess von selbst geschehen lassen.

Während wir in Meditation sitzen, werden wir möglicherweise gewahr, dass draußen, hoch am Himmel, unendlich viele Sterne sind. Vielleicht können wir sie nicht sehen, und trotzdem sind sie da. Wir sitzen auf einem unglaublich schönen Planeten, der in unserer Galaxie, der Milchstraße, einem Fluss aus Milliarden Sternen, kreist. Wenn wir dieses Gewahrsein erleben, während wir sitzen, welchen anderen Grund brauchen wir dann noch dafür? Wir sehen alle Wunder des Alls und unseres Planeten Erde sehr klar. In diesem Gewahrsein können wir die ganze Erde umarmen, von der Vergangenheit bis zur Zukunft. Wenn wir so sitzen, ist unser Glück grenzenlos.

Das Geschenk der Nahrung

Die Nahrung, die wir essen, ist ein Geschenk der Erde. Wenn Sie einen Bissen Brot oder einen Schluck Tee zu sich nehmen, sollten Sie es in Achtsamkeit tun. Ihr Geist sollte nicht anderswo sein, er sollte nicht über die Arbeit nachdenken und nicht für die Zukunft planen. Wenn Sie das Brot auf tiefe Weise betrachten, sehen Sie die goldenen Weizenfelder und die schöne Landschaft um sie herum! Sehen Sie die Arbeit des Bauern, des Müllers und des Bäckers! Das Brot kommt nicht von nichts. Es kommt aus den Getreidekörnern, dem Regen, der Sonne, dem Boden und der harten Arbeit vieler Menschen. Das gesamte Universum hat Ihnen dieses Stück Brot gebracht. Wenn Sie zu denken aufhören und Ihren Geist heim zum gegenwärtigen Augenblick führen, können Sie dieses Stück Brot tief betrachten und dies sehen. Mehr als ein paar Sekunden werden Sie nicht brauchen, um die Achtsamkeit und Konzentration zu erzeugen, die zu der Einsicht führen, dass dieses Stück Brot in Ihren Händen ein wirkliches Wunder ist und das ganze Universum enthält. Und Sie erkennen, dass das Brot ein Botschafter des Kosmos ist. Ohne Achtsamkeit können wir dem Brot zwar immer noch etwas Nahrhaftes entnehmen, doch wenn wir wahrhaftig und in der Tiefe mit dem Brot in Verbindung sind, werden wir vom ganzen Universum genährt. Wir empfangen den Körper des Kosmos in jedem Bissen Essen, den wir zu uns nehmen.

Mit Freundinnen und Freunden zusammenzusitzen und gemeinsam achtsam zu essen, kann sehr viel Freude machen. Seien Sie beim Kauen gewahr, dass das gesamte All auf wundersame Weise in Ihrem Mund zusammenkommt. Nehmen Sie nicht Ihre Sorgen, Ängste oder Pläne zu sich. Öffnen Sie die Augen, schauen Sie die Menschen um sich herum an und lächeln Sie. Seien Sie wirklich anwesend bei dem Essen und den Menschen, die mit Ihnen am Tisch sitzen. Sehen Sie, dass Sie eins mit dem Universum sind und Sie und Ihre Freundinnen und Freunde einander unterstützen. Alle werden Nutzen aus der kollektiven Kraft der Achtsamkeit, des Friedens und der Brüderlichkeit und Schwesterlichkeit ziehen und auf eine Weise genährt werden, dass Heilung und Transformation stattfinden können.

Wenn Sie das Essen beendet haben, nehmen Sie sich ein paar Augenblicke Zeit, um zu sehen, dass Ihre Schale oder Ihr Teller leer und Ihr Hunger gestillt sind. Es erfüllt uns mit Dankbarkeit, wenn wir erkennen, wie viel Glück wir haben, dass wir so viel nahrhaftes Essen haben, das uns auf dem Weg des Verstehens und der Liebe unterstützt.

Diese Schritte werden Ihr Leben retten

Achtsames Gehen ist eine wunderbare Praxis, um uns dabei zu helfen, Nahrung und Heilung von der Erde zu empfangen. Wenn Sie die Tür öffnen und hinaus an die frische Luft gehen, kommen Sie in Berührung mit der Luft und dem Boden und all den Elementen um Sie herum. Jeder in Achtsamkeit gegangene Schritt ist ein Schritt in Freiheit. Jeder Schritt ist eine Gelegenheit, das Wunder des Lebens zu feiern. Jeder Schritt kann uns mit Körper und Geist in Verbindung bringen. Beide, Körper und Geist, müssen da sein, wenn wir einen Schritt gehen. Wir müssen ganz gegenwärtig sein. Jeder Schritt, den wir behutsam, sanft und achtsam auf Mutter Erde gehen, wird uns viel Heilung und Glück bringen.

Wenn wir gehen, wissen wir, dass wir nicht auf etwas Unbelebtes treten. Der Boden, auf dem wir gehen, ist keine leblose Sache. In jedem Staubkörnchen und jedem Sandkorn befinden sich unzählige Bodhisattvas. Wenn wir achtsam gehen, können wir durch unsere Füße in Kontakt mit der großen Bodhisattva Mutter Erde sein. Wenn wir die Erde auf diese Weise verstehen, können wir auf unserem Planeten mit so viel Achtung und Ehrerbietung gehen, wie wir es tun würden, wären wir in einer Kirche, einem Tempel, einer Moschee, einer

Synagoge oder irgendeinem anderen sakralen Raum. Wir können jeden Schritt mit unserer vollen Aufmerksamkeit begleiten. Solche Schritte haben die Kraft, unser Leben zu retten. Sie können uns aus dem Zustand der Entfremdung, in dem wir leben, retten und uns, indem sie uns wieder mit uns selbst und der Erde verbinden, zu unserem wahren Zufluchtsort zurückbringen. Gehen Sie mit hundert Prozent Ihres Körpers und Ihres Geistes, so kann Sie das von Wut, Angst und Verzweiflung befreien. Während des Gehens können Sie sagen:

Mit jedem Schritt komme ich heim zur Erde.
Mit jedem Schritt kehre ich
zu meiner Quelle zurück.
Mit jedem Schritt nehme ich Zuflucht
zu Mutter Erde.

Jeder Schritt kann Ihre Liebe zur Erde zum Ausdruck bringen. Sie können sagen:

Ich liebe die Erde. Ich bin in die Erde verliebt.

Achtsam zu gehen bedeutet, im vollen Gewahrsein dieser Liebe zu gehen. Von Liebe und Verstehen erfüllt, können wir uns jedes einzelnen kleinen Dings auf diesem Planeten zutiefst bewusst werden. Wir bemerken, dass die Blätter an den Bäumen von einem überraschenden, lichten Grün im Frühling sind, einem lebhaften Grün im Sommer und einem satten Gelb, Orange und Rot im Herbst und dass im Winter, wenn die Äste kahl sind, der Baum weiterhin hoch aufgerichtet und so stark und schön dasteht, während er tief in sich anderen Lebensformen Unterschlupf gewährt. Mutter Erde empfängt die herabgefallenen Blätter und zersetzt sie, um neue Nahrung für den Baum zu schaffen, damit er weiter wachsen kann.

Denken Sie beim Gehen nicht an irgendetwas anderes. Die meisten von uns haben ein Radio, das unablässig in ihrem Kopf spielt und auf den Sender PD, Pausenloses Denken, eingestellt ist. Der größte Teil dieses Denkens ist unproduktiv. Je mehr wir denken, umso weniger greifbar sind wir für das, was um uns ist. Daher müssen wir lernen, das Radio auszuschalten und mit unserem Denken aufzuhören, um den gegenwärtigen Augenblick voll zu genießen.

Wenn Sie gehen, dann gehen Sie nur und richten hundert Prozent Ihrer Achtsamkeit und Aufmerksamkeit auf Ihr Gehen. Auf diese Weise werden Sie für den Boden unter Ihren Füßen, die Pflanzen vor Ihnen, die Wolken über Ihnen und die Menschen um Sie herum gegenwärtig sein.

Wenn wir gehen, gehen wir nicht allein. Unsere Eltern

und Vorfahren gehen mit uns. Sie sind in jeder Zelle unseres Körpers vorhanden. So bringt jeder Schritt, der uns Heilung und Glück bringt, auch unseren Eltern und Vorfahren Heilung und Glück. Jeder achtsame Schritt hat die Kraft, uns und all unsere Vorfahren einschließlich unserer tierischen, pflanzlichen und mineralischen Vorfahren zu transformieren. Wir gehen nicht nur für uns. Wenn wir gehen, gehen wir für unsere Familie und die ganze Welt.
Wenn wir in Achtsamkeit gehen und uns von der Erde nähren lassen, haben wir die Gelegenheit zu üben, alles einzubeziehen. Mit jedem Schritt können wir geloben, alle Tier- und Pflanzenarten auf der Erde zu schützen. Mit jedem Schritt können wir sagen:

Ich weiß, die Erde ist meine Mutter,
ein großartiges Lebewesen.
Ich gelobe, die Erde zu schützen,
und die Erde schützt mich.

Jeder Schritt, den wir achtsam gehen, führt uns einen Schritt näher zur Heilung unserer selbst und unseres Planeten.

Achtsames Zuhören

Das Sanskritwort *sravaka* bedeutet üblicherweise »Schüler«. Wörtlich heißt es »Zuhörer«. Ein Sravaka ist jemand, der lernt, indem er Unterweisungen hört. Jeder von uns kann lernen, wie man in der Tiefe zuhört. Wir können uns in tiefem Zuhören in Bezug auf uns selbst, andere und die Erde üben. Beim achtsamen Zuhören hören wir zu, um zu verstehen und Leiden zu lindern. Wir alle tragen Leid in uns, um das wir uns kümmern und vor dem wir nicht davonlaufen sollten. Wir hören auf eine Weise zu, die uns befähigt, Weisheit zu erlangen und Mitgefühl zu entwickeln. Doch bevor wir imstande sind, anderen zuzuhören, müssen wir wissen, wie wir uns selbst zuhören können. Wir müssen die Verständigung mit uns selbst wiederherstellen und dürfen nicht vor uns weglaufen oder versuchen, unangenehme oder unbequeme Gefühle in uns unter den Teppich zu kehren.

Tatsächlich müssen wir für uns selbst da sein, um unser Leiden und unsere Schwierigkeiten zu verstehen. Als Erstes sollten wir erkennen und uns eingestehen, dass wir leiden. Wenn wir die Tatsache, dass wir leiden, anerkennen, haben wir eine Chance, dieses Leiden zu transformieren. Der zweite Schritt besteht darin, es in der Tiefe anzuschauen, ihm zuzuhören und es zu umarmen, um die Natur unseres Leidens zu verstehen. Viele von uns tun alles Mögliche, um nicht zu sich zurückkehren zu müssen, weil sie Angst haben, das Leiden würde sie überwältigen, wenn sie heimkehrten und es in sich berührten. Daher müssen wir uns in der Praxis der Achtsamkeit in Bezug auf das Atmen, Sitzen und Gehen üben, denn indem wir all dies in Achtsamkeit tun, erzeugen wir eine Kraft, die uns helfen kann, stark zu sein. Ohne Achtsamkeit fühlen wir uns schnell von allem Möglichen überwältigt. Doch mit Achtsamkeit können wir aktiv sein, haben die Chance, etwas zu tun. Dann haben wir eine Chance, unser Leiden zu verstehen und den Weg, der aus ihm herausführt, zu sehen. Wenn wir unser Leiden verstehen, transformiert es sich. Man kann durchaus von der »Kunst des Leidens« sprechen. Wir sollten lernen, von unserem Leiden guten Gebrauch zu machen, um Glück zu schaffen. Wir können viel von unserem Leiden lernen. Unser Leiden zu verstehen führt zu Mitgefühl mit uns selbst; Mitgefühl ist für unser Glück wesentlich.

Wenn wir wissen, wie wir unserem eigenen Leiden mitfühlend zuhören können, vermögen wir auch jemand anderem auf dieselbe mitfühlende Weise zuzuhören und ihm oder ihr zu helfen, weniger zu leiden. Doch wir können anderen nicht helfen, wenn wir nicht zuerst das Leiden in uns selbst erkannt haben. Daher ist es entscheidend, dass wir unserem eigenen Leiden tiefgehend zuhören. Dann wird Mitgefühl in uns entstehen und wir werden weniger leiden und in der Lage sein, anderen mehr zu helfen.

Wenn wir sehen, dass ein anderer Mensch leidet, erweckt das Mitgefühl in unserem Herzen, und wir wollen alles, was in unserer Macht steht, tun, um ihm zu helfen. Weil wir sein Leiden sehen und verstehen, machen wir ihm keine Vorwürfe wegen seines Verhaltens. Wir wollen ihm nur helfen und Erleichterung verschaffen. Das können wir tun, indem wir ihm tief, mitfühlend und ohne ihn zu beurteilen zuhören.

Das Gleichgewicht wiederherstellen

Wenn wir erst wissen, wie wir tief und achtsam zuhören können, sind wir auch fähig, der Erde zuzuhören und ihr Leiden zu vernehmen. Die Erde ist aus dem Gleichgewicht geraten; als Gattung haben wir der Erde nicht so viel zurückgegeben, wie wir von ihr genommen haben. Wir haben die Bodenschätze der Erde ausgebeutet und ihre Lebenswelt verschmutzt. Wenn wir das Gleichgewicht von Mutter Erde stören, führt das zu viel Leiden. Wenn wir ihr in der Tiefe zuhören, können wir erkennen, was sie benötigt, um ihr natürliches Gleichgewicht wiederzuerlangen.

Die Erde hat bereits in der Vergangenheit viel Leid erfahren, von dem sie sich wieder hat erholen können. Sie hat Naturkatastrophen wie Zusammenstöße mit anderen Planeten, Meteoriten und Asteroiden oder schwere Dürrezeiten, Waldbrände und Erdbeben, erlebt, und doch ist sie in der Lage gewesen, sich nach all diesen Ereignissen wiederherzustellen. Jetzt belasten wir die Erde so stark, indem wir die Atmosphäre verschmutzen, den Planeten erwärmen und die Ozeane vergiften, dass sie sich nicht mehr alleine heilen kann.

Die Erde hat ihr Gleichgewicht verloren. Die Tatsache, dass wir die Verbindung zum natürlichen Rhythmus der Erde verloren haben, ist die Ursache vieler moderner Krankheiten. Einige Menschen glauben, dass Gott den Planeten bestraft, aber tatsächlich müssen wir alle selbst die Verantwortung dafür übernehmen, was auf der Erde passiert. Wir müssen unsere Rolle in dieser Entwicklung erkennen und wissen, was wir zu tun haben, um Mutter Erde zu schützen. Wir können uns nicht einfach darauf verlassen, dass sie sich um uns kümmert; wir müssen uns auch um sie kümmern.

Gelingt es uns nicht, das Gleichgewicht der Erde wiederherzustellen, werden wir weiterhin eine Menge Zerstörung verursachen, und für das Leben auf der Erde wird es sehr schwierig, weiterzubestehen. Es tut Not, dass wir erkennen, dass die Bedingungen, die eine Wiederherstellung des erforderlichen Gleichgewichts unterstützen, nicht außerhalb von uns liegen; sie kommen vielmehr aus unserem Innern, aus unserer Achtsamkeit, dem Grad unseres Gewahrseins. Es ist unser eigenes erwachtes Bewusstsein, das die Erde heilen kann.

Eine Revolution muss stattfinden, und diese beginnt in jedem und jeder Einzelnen von uns. Wenn wir die Art und Weise, wie wir die Welt sehen, verändern, wenn wir erkennen, dass wir und die Erde eins sind, und wir anfangen, in Achtsamkeit zu leben, wird unser eigenes Leiden aufhören. Sind wir nicht mehr von unserem eigenen Leiden überwältigt, werden wir das Mitgefühl und Verstehen besitzen, um die Erde mit Liebe und Respekt zu behandeln. Indem wir unser eigenes Gleichgewicht wiederherstellen, beginnen wir, an der Wiederherstellung des Gleichgewichts der Erde zu arbeiten. Es besteht kein Unterschied zwischen unserer Sorge für den Planeten und unserer Sorge für uns selbst und unser Wohlergehen. Es besteht kein Unterschied zwischen der Heilung des Planeten und unserer Heilung.

Plötzlich taucht hinter dem Rand des Mondes in langen, zeitlupenhaften Augenblicken von gewaltiger Erhabenheit ein glitzerndes, blau-weißes Juwel auf, eine helle, empfindliche himmelblaue Kugel, an die ein langsam wirbelnder Schleier aus Weiß gebunden ist und die allmählich aufsteigt, wie eine kleine Perle in einem tiefgründigen Meer aus schwarzem Geheimnis. Es braucht länger als einen Augenblick, bis ich erkenne, dass das die Erde ... Heimat ist.

Edgar Mitchell,
Astronaut von Apollo 14 (1971)

3.
Willkommen zu Hause

IM JAHRE 1969 SAHEN Menschen zum ersten Mal Bilder der Erde, die von Astronauten, die den Mond umkreisten, aufgenommen worden waren. Es war das erste Mal, dass wir unseren Planeten vollständig sehen konnten. Vom All aus konnten wir die Erde als ein einziges lebendes System erkennen. Wir konnten sehen, wie schön, aber auch wie zerbrechlich die Erde und ihre Atmosphäre sind – nur eine winzige, dünne Schicht, die uns alle schützt. Den Astronauten erschien die Erde als ein dynamisches, lebendiges und unablässig leuchtendes Juwel. Als ich diese Bilder erstmals sah, war ich erstaunt: »Liebe Erde, ich wusste nicht, dass du so schön bist. Ich sehe dich in mir. Ich sehe mich selbst in dir.«
Der Physiker Albert Einstein war sehr bewegt von der großen Harmonie, Eleganz und Schönheit des Kosmos, als er in tiefgreifender Weise die natürliche Welt betrachtete. Das Gefühl der Bewunderung und Liebe, das

dies in ihm hervorrief, hat er als kosmisches religiöses Gefühl bezeichnet. Einstein glaubte nicht an eine Religion oder einen Gott als solchen, doch als er in die Natur des Kosmos schaute, brachte er ein religiöses Gefühl zum Ausdruck, das das Bedürfnis nach einem persönlichen Gott transzendierte und sowohl Dogma als auch Theologie vermied.

Zuflucht nehmen, Verantwortung übernehmen

Viele Menschen glauben, dass der Himmel irgendwo anders ist, und wenn sie sterben, wollen sie dorthin gehen. Doch sie haben keinen Beweis, dass es so einen Ort wirklich gibt. Wir sollten uns nicht durch die Vorstellung eines weit entfernten Paradieses ködern lassen. Die Erde ist wirklich. Die Erde ist hier. Sie ist ein wunderbares Phänomen, hier und jetzt vorhanden. Tatsächlich ist die Erde der schönste Ort im Himmel. Wir müssen zurückkehren, um zu Mutter Erde Zuflucht zu nehmen. Das Reich Gottes ist auf Erden. Jeder Schritt, den wir in Achtsamkeit gehen, bringt uns mit dem Reich Gottes in Verbindung. Wenn wir in den gegenwärtigen Augenblick zurückkehren und mit uns selbst verbunden sind, wenn unser Geist ruhig und unsere Sinne geöffnet sind, vermögen wir die Wunder des Lebens überall um uns herum zu entdecken. Wir können erkennen, dass wir wahrhaftig im Reich Gottes umhergehen. Jeden Tag können wir, wenn wir auf der Erde gehen, sagen:

Ich nehme Zuflucht zur Erde.
Ich liebe die Erde.
Ich bin verliebt in Mutter Erde.

Ich bin angekommen

Zuflucht zur Erde zu nehmen bedeutet, in unser wahres Zuhause zurückzukehren. Einige von uns leben in sehr komfortablen Häusern. Möglicherweise haben wir ein Dach über dem Kopf, ein bequemes Bett zum Schlafen, genug zu essen, und doch fühlen wir uns nicht zu Hause. Wir suchen alle nach unserem wahren Zuhause, dem Ort, an dem wir uns sicher und behütet fühlen. Wenn wir achtsames Atmen praktizieren und mit jedem Atemzug mit der Erde in Berührung sind, werden wir erkennen, dass wir bereits zu Hause sind. Wenn wir achtsames Gehen praktizieren, haben wir

Gelegenheit, in eine tiefe Gemeinschaft mit dem Planeten Erde einzutreten, und dann erkennen wir vielleicht, dass die Erde unser Zuhause ist. Ein Atemzug, ein Schritt ist alles, was wir brauchen, um uns zu Hause und wohl im Hier und Jetzt zu fühlen. Wenn wir auf diese Weise zu uns zurückkehren und Zuflucht zu unserer inneren Insel nehmen, werden wir zu einem Zuhause für uns selbst und zugleich zu einem Zufluchtsort für andere.

Die kürzeste und tiefste Lehre, die ich anbieten kann, ist diese: »Ich bin angekommen. Ich bin zu Hause.« Wenn Sie einatmen, wissen Sie, dass Sie bereits angekommen sind. Wenn Sie ausatmen, wissen Sie, dass Sie zu Hause sind. Mit jedem Atemzug können Sie Ihren Körper und Ihren Geist zum gegenwärtigen Augenblick zurückführen. Sie müssen nichts anderem mehr hinterherrennen. Die Erde befindet sich bereits genau hier. Sie sind völlig zufrieden mit dem gegenwärtigen Augenblick. Nichts fehlt.

Mit jedem Schritt können Sie sagen:

Ich bin angekommen.
Ich bin zu Hause.

Zur Erde zurückkehren

Viele von uns fragen sich, was passieren wird, wenn sie sterben. Einige glauben, dass sie nach dem Zerfall ihres Körpers in den Himmel oder zu den Wolken aufsteigen werden. Viele glauben, dass sie in ein entferntes Paradies gehen werden, wenn sie gestorben sind, und sie stellen sich vor, dass es ein wunderbarer Ort und ohne Leiden sein muss.

Doch wir wissen, dass wir unser Leiden *brauchen*. Wir verstehen die Güte des Leidens. Unser Leiden können wir gut nutzen, wenn wir tief hineinschauen, es erkennen und umarmen. Auf diese Weise wird sich unser Leiden transformieren und es wird unser Verstehen, unsere Liebe und unser Mitgefühl stärken. Unser Leiden ist der Kompost, der es schönen Blumen ermöglicht zu wachsen. Wir brauchen keinen eingebildeten Ort zu finden, wo es keinen Schmerz und kein Leid gibt und wo wir endlich glücklich sein können. Wir können die Erde als unsere Heimat annehmen. Sie ist lebendige Wirklichkeit, die wir anfassen, sehen und im Hier und Jetzt direkt erfahren können.

In solcher Weise die Dinge tief betrachtend, können wir die Angst vor dem Tod überwinden. Wir sind aus der Erde entstanden und werden zu ihr zurückkehren; nichts geht verloren. Wie der französische Naturwissenschaftler Antoine Lavoisier im 18. Jahrhundert entdeckt hat: Nichts wird erschaffen, nichts wird zerstört; alles befindet sich im Wandel. Energie kann von einer Form in eine andere überführt werden, aber sie kann weder geschaffen noch zerstört werden.

Wir müssen nirgendwo anders hingehen, wenn wir sterben. Wir tragen die Bodhisattva Mutter Erde bereits in uns. Wenn wir wirklich die Einsicht erlangt haben, dass wir und die Erde eins und nicht zwei getrennte Einheiten sind, löst sich alle Furcht auf. Wenn wir erkennen, dass die Erde uns geboren hat und uns am Ende unseres Lebens wieder in sich aufnehmen wird, nur um uns in anderer Gestalt wieder hervorzubringen, dann gelangen wir zu einem Zustand der Nichtangst. Wir wissen, dass nichts verloren geht, nichts hinzugewonnen wird. Nichts wird geboren; nichts stirbt. Wir sind nicht länger in der Vorstellung gefangen, dass wir ein getrenntes Selbst seien. Wir stellen nicht länger die Frage: »Was wird mit mir geschehen, nachdem mein Körper zerfallen ist? Wohin werde ich gehen? Wird es mich immer noch geben?«

Wir müssen nicht warten, bis wir sterben, um zu Mutter Erde zurückzukehren. Tatsächlich befinden wir uns bereits jetzt auf dem Rückweg zu ihr. Jeden Augenblick sterben Tausende von Zellen in unserem Körper und neue werden geboren. Wann immer wir atmen, wann immer wir gehen, wir kehren zur Erde zurück. Wann immer wir uns kratzen, fallen tote Hautzellen zur Erde. Unablässig sterben wir und werden von Neuem geboren. Die ganze Zeit findet ein fortlaufender Kreislauf aus Eingabe und Ausgabe statt. Als ein natürlicher Teil unseres Lebensprozesses kehren wir in jedem Augenblick zu Mutter Erde zurück.

Was meinen wir, wenn wir sagen, dass jemand »stirbt«? Wir benutzen das Wort »sterben«, aber es ist nicht wirklich passend. In unserer üblichen Denkweise bedeutet sterben, dass jemand, der eben noch jemand war, plötzlich überhaupt niemand mehr ist. Es bedeutet, dass wir vom Reich des Seins ins Reich des Nichtseins hinüberwechseln. Doch wenn wir in die Tiefe schauen, können wir erkennen, dass es unmöglich ist zu sterben. Materie kann in Energie umgewandelt werden und Energie in Materie. Aber nichts geht verloren. Nichts stirbt. Nur Transformation findet statt.

Stellen Sie sich eine Wolke vor. Bevor sie eine Wolke wurde, muss sie etwas anderes gewesen sein. Die Wolke kann nicht aus dem Nichts gekommen sein. Die Wolke ist nur eine Erscheinungsform, eine Fortsetzung. Bevor die Wolke am Himmel auftauchte, gab es sie in einer anderen Form – als Nebel, Ozean, Regen oder Fluss. Wenn wir tief in das Wesen einer Wolke blicken, erkennen wir, dass eine Wolke nicht sterben und von einem Zustand des Seins in einen des Nichtseins hinüberwechseln kann. Eine Wolke kann zu Schnee, Regen oder Eis werden, aber sie kann nicht zu Nichts werden. Wenn der Himmel klar ist, so bedeutet das daher nicht, dass die Wolke gestorben ist. Sie besteht in anderen Formen weiter.

Wenn wir eine Wolke anschauen, neigen wir dazu zu sagen, die Wolke existiere. Existenz ist so an eine Wahrnehmung geknüpft. Morgen, wenn wir die Wolke nicht sehen, sagen wir vielleicht, dass die Wolke nicht mehr da ist; die Wolke existiert nicht mehr. Doch es gibt Feuchtigkeit in der Luft, die wir einatmen. Und diese Feuchtigkeit kann irgendwann Teil einer Wolke werden. Wir sehen die Feuchtigkeit in der Luft nicht, aber wir wissen, dass sie da ist und sich eine Wolke in ihr versteckt. Wenn wir etwas nicht mehr sehen, können wir glauben, dass es nicht mehr existiert. Wir meinen, dass etwas nur dann existiert, wenn wir es sehen können, und dass es nicht existiert, wenn wir es nicht sehen können. Doch die wahre Natur einer Wolke ist die von Nichtgeburt und Nichttod. Oberflächlich gesehen gibt es Geburt und Tod. Das ist die herkömmliche Wahrheit. Doch wenn wir tief blicken, bis in die letztendliche Dimension, erkennen wir, dass es keine Geburt und keinen Tod gibt. Das ist die letztendliche Wahrheit.

Wenn eine Wolke nicht sterben kann, wie können wir

dann sterben? Eine der ersten Einsichten des Buddha ist die des Abhängigen Entstehens gewesen. Alles entsteht in Abhängigkeit von allem anderen. Da gibt es keinen Anfang und kein Ende; es gibt keine Schöpfung oder Zerstörung von irgendetwas. Das gilt ebenso für das Universum. Milliarden Bedingungen sind zusammengekommen, damit wir in dieser Form in Erscheinung getreten sind. Wenn andere Bedingungen eintreten, werden wir in einer anderen Form in Erscheinung treten. Wenn Sie sich im Herbst umschauen, bemerken Sie, dass tote Blätter den Boden bedecken. Ich glaube nicht, dass die fallenden Blätter leiden. Sie gehen lediglich zu Mutter Erde zurück, um wiedergeboren zu werden. Auf diese Weise sind wir alle wie ein Blatt. Wir verbringen einige Zeit am Baum und genießen die Sonne, den Regen, den Wind, und zugleich ernähren wir den Baum. Das Blatt verbringt viele Monate am Baum, nimmt Kohlendioxid und Sonnenschein auf, produziert Sauerstoff und genießt sich selbst. Zwischenzeitlich erzeugt es Nahrung für den Baum und hilft ihm zu wachsen.

Nehmen wir das Beispiel und stellen uns vor, die Erde wäre der Baum und wir ein Blatt. Wir glauben, die Erde wäre die Erde und wir wären etwas außerhalb von ihr. Doch tatsächlich sind wir innerhalb der Erde. Vielleicht glauben wir, dass wir eines Tages sterben und zurück zur Erde gehen werden. Aber wir müssen nicht sterben, um zu Mutter Erde zurückzukehren. Ich bin eben jetzt in Mutter Erde und Mutter Erde ist in mir. Wir können sagen:

Einatmend weiß ich,
dass Mutter Erde in mir ist.
Ausatmend weiß ich,
dass ich in Mutter Erde bin.

Wenn wir durch ein Kaleidoskop blicken, sehen wir ein wunderschönes symmetrisches Bild. Doch sooft wir das Kaleidoskop drehen, verschwindet das Bild. Können wir das als eine Geburt oder einen Tod beschreiben? Oder ist das Bild bloß eine Erscheinungsform? Auf diese Erscheinungsform folgt eine andere, die ebenso schön ist. Dabei geht überhaupt nichts verloren. In unserer jetzigen Gestalt sind wir eine wunderschöne Erscheinungsform, die Mutter Erde zu schaffen geholfen hat. Wenn diese Erscheinungsform vorbei ist, werden wir uns in einer anderen Form manifestieren. Es gibt keine Geburt und keinen Tod. Eine Wolke zu sein mag wunderbar sein, doch zur Erde fallender Regen ist ebenfalls wunderbar.
Vielleicht mögen Sie sich einmal auf den Boden legen und mit Mutter Erde Verbindung aufnehmen. Sie können sagen:

*Mutter Erde, ich bin in dir.
In jedem Augenblick sterbe ich
und werde geboren.
Du bist immer da.*

In jedem Augenblick werden wir geboren und sterben. Das Sterben zu betrachten ist tatsächlich sehr hilfreich und sogar angenehm, denn es hilft uns, unsere wahre Natur der Nichtgeburt und des Nichttodes zu erkennen, und es erinnert uns daran, dass wir nichts zu fürchten haben. Die Erde steht immer bereit, uns dies zu lehren. Indem wir unser Wesen der Nichtgeburt und des Nichttodes berühren, hören wir auf, ein Opfer der Angst und der Furcht zu sein, und sofort wird Freude möglich.

Fürchtet sich die Erde zu sterben? Der Planet fürchtet sich überhaupt nicht davor. Die Erde weiß, dass sie der Kosmos ist. Ebenso wie wir aus nicht menschlichen Bestandteilen gemacht sind und die Blume voller Nicht-Blume-Elemente ist, setzt sich auch die Erde aus Nicht-Erde-Elementen zusammen. Wie wir enthält die Erde Luft, Feuer und Wasser sowie die Sonne und Teilchen von entfernten Sternen in fernen Galaxien. Tatsächlich können wir sehen, dass die Erde ausschließlich aus Nicht-Erde-Elementen gemacht ist. Der gesamte Kosmos ist zusammengekommen, um das Wunder, das die

Erde darstellt, zu erschaffen. Wie wir kann es seine Gestalt ändern, aber es kann niemals sterben.

Unser Vermächtnis

In jedem Augenblick, in dem wir in diesem Körper, in dieser menschlichen Erscheinungsform lebendig sind, geben wir Energie ab. Diese Energie kann umgeformt werden, aber sie kann nicht sterben; sie bleibt für immer in der Welt. Das Sanskritwort hierfür ist *karma,* was Handlung bedeutet. Karma ist das Handeln unserer Gedanken, unseres Sprechens und unseres Körpers. Ein Gedanke ist eine Handlung, weil er bereits Energie besitzt und über die Fähigkeit verfügt, Dinge zu beeinflussen. Wenn wir einen Gedanken des Mitgefühls, des Verstehens und der Liebe erzeugen, hat dieser Gedanke die Kraft, unseren Körper, unseren Geist und die Welt zu heilen. Erzeugen wir einen Gedanken des Hasses, der Wut oder der Verzweiflung, wirkt dieser Gedanke nicht nur auf uns, sondern auf die Welt; er kann uns zerstören und zur Zerstörung vieler anderer Leben führen.
Angenommen, eine Nation erzeugt einen kollektiven Gedanken der Wut und Angst und entschließt sich, in den Krieg zu ziehen. Dann erzeugt das gesamte Land

Furcht und Wut. Diese kollektive Furcht und Wut können viel ganz reale Zerstörung und viel ganz reales Leid verursachen. Karma ist sehr wirkmächtig. Die Gedanken und Gefühle, die wir in die Welt schicken, haben eine starke Wirkung. Jeder Gedanke, den wir erzeugen, alles, was wir sagen und tun, ist eine Handlung. Diese Handlungen setzen sich endlos fort. Sie können sich verwandeln, doch so wie eine Wolke werden auch sie nicht verschwinden. Wir müssen die Macht unseres Karmas erkennen und den festen Entschluss fassen, in unseren Gedanken, Worten und Taten achtsam zu sein, um uns selbst und die Erde zu heilen.

4. Unsere Kraft verstärken

AUCH WENN DIE ENERGIE unserer Gedanken, Worte und Taten sehr wirkmächtig ist, so ist diese Kraft unendlich viel größer, wenn wir uns mit anderen zusammenschließen. Wenn wir als Gruppe mit der gemeinsamen Absicht und Verpflichtung, achtsam zu handeln, zusammenkommen, erzeugen wir eine Energie kollektiver Aufmerksamkeit, die weitaus größer als die unserer individuellen Aufmerksamkeit ist. Diese Energie hilft uns des Weiteren, Mitgefühl und Verstehen zu entwickeln. Wenn wir achtsames Sitzen, Gehen, Sprechen und Zuhören als Gruppe praktizieren, kann jeder von uns die gemeinschaftliche Energie spüren und Nahrung und Heilung empfangen.

Diese gemeinschaftliche Energie kann zu gemeinschaftlicher Einsicht und gemeinschaftlichem Erwachen führen.

Das Mitgefühl und die Achtsamkeit, die wir gemeinschaftlich herstellen, nähren uns, und sie können zudem helfen, das Gleichgewicht der Erde wiederherzustellen. Gemeinsam ist es uns möglich, wirkliche Transformation für uns und die Welt zustande zu bringen.

Kollektive Nahrung

Wenn wir anderen unsere friedvolle Kraft entgegenbringen, werden wir von der friedvollen Kraft, die sie uns zurückstrahlen, genährt. Die gemeinschaftliche Kraft stärkt und nährt uns und hilft uns auf diese Weise dabei, unseren Weg des Gewahrseins, der Bewusstheit fortzusetzen. Deshalb benötigen wir eine Übungsgemeinschaft. Wenn wir allein praktizieren, werden wir nicht fähig sein, genug gemeinschaftliche Energie zu erzeugen oder genügend Nahrung zu erhalten. Dann enthalten wir uns nicht nur diese wesentliche spirituelle Nahrung vor, sondern entziehen auch anderen unsere friedvolle und mitfühlende Energie.

Es ist wunderbar, allein zu sitzen und ruhig und friedvoll zu meditieren. Selbst wenn sonst niemand weiß, dass Sie meditieren, ist die Kraft, die Sie erzeugen, förderlich. Die schöne, friedliche Kraft, die Sie schaffen, wird hinaus in die Welt fließen. Doch wenn Sie gemeinsam mit anderen sitzen, wenn Sie gemeinsam mit ihnen gehen und arbeiten, verstärkt sich die Energie, die Sie erzeugen, und Sie werden sehr viel mehr Energie für Ihre Heilung und die Heilung der Welt zur Verfügung haben. Diese Aufgabe ist zu groß für einen Einzelnen! Enthalten Sie der Welt diese wesentliche spirituelle Nahrung nicht vor.

Es ist nötig, dass wir regelmäßig als Sangha, als Übungsgemeinschaft, zusammenkommen, um gemeinsam zu praktizieren und einander zu unterstützen. Ein paar Dutzend Menschen, die gemeinsam Achtsamkeit praktizieren, erzeugen eine starke gemeinschaftliche Kraft. Wenn ein paar Hundert oder sogar Tausend Menschen oder noch mehr zusammenkommen, um Achtsamkeit und Konzentration zu praktizieren, kann das die starken Energien der Freude und des Mitgefühls erzeugen, die uns und die Welt heilen können.

Viele Tausende von uns haben an gemeinschaftlichen Gehmeditationen oder Sitzmeditationen in einigen der geschäftigsten Städte der Welt teilgenommen. Wir sind achtsam und friedlich um den Hoan-Kiem-See in Hanoi herumgegangen. Wir haben unsere Fußspuren des Friedens und der Freiheit auf den alten Straßen und Plätzen Roms hinterlassen. Tausende von uns haben in Ruhe und Stille auf Londons geschäftigem Trafalgar Square und im New Yorker Zucotti-Park gesessen. Jede Teilnehmerin und jeder, der diese gemeinschaftliche Praxis miterlebt, hat Gelegenheit, mit der Kraft des Friedens, der Freiheit, des Heilens und der Freude in Berührung zu kommen. Die gemeinschaftliche Energie, die bei solchen Gelegenheiten erzeugt wird, ist ein Geschenk, das wir uns selbst, einander, der Stadt und der Welt darbieten können.

Freude pflegen

Wenn wir Achtsamkeit praktizieren, tun wir etwas für die gesamte Erde und all ihre Bewohner. Wir geben der Erde etwas zurück und liefern ihr notwendige Nahrung. Unser gemeinschaftliches Gewahrsein erzeugt Freude; und Freude ist eine Nahrung, die wir und die Erde brauchen, um zu überleben.

Vielleicht glauben wir, Freude würde spontan entstehen. Wenige Menschen sind sich im Klaren darüber, dass sie gepflegt und eingeübt werden muss, um zu wachsen. Wenn wir zusammen mit anderen in Achtsamkeit sitzen, fällt uns das Sitzen leichter. Wenn wir zusammen mit anderen in Achtsamkeit gehen, fällt uns das Gehen leichter. Die gemeinschaftliche Energie kann uns helfen, wenn wir müde sind oder wenn wir uns in Gedanken verlieren. Die gemeinschaftliche Energie vermag es, uns zurück zu uns selbst zu führen. Deshalb ist es so wichtig, gemeinsam mit anderen zu praktizieren. Anfangs sind wir vielleicht besorgt, dass wir die Sitz- oder Gehmeditation nicht richtig praktizieren, und wir zögern, sie gemeinsam mit anderen durchzuführen, weil wir fürchten, von ihnen beurteilt zu werden. Doch wir alle wissen, wie man sitzt und wie man atmet. Mehr haben wir nicht zu tun. Nach nur wenigen Augenblicken der Konzentration auf unser Atmen können wir Frieden und Ruhe in unseren Körper und Geist einkehren lassen. Wir müssen nur auf unser Ein- und unser Ausatmen achten. Richten Sie Ihre Aufmerksamkeit darauf. Mehr braucht es nicht, um zu beginnen, die Unruhe in Ihrem Geist und Ihrem Körper zu beruhigen. Sie brauchen nur eine kurze Weile friedvoll in Ihrem Ein- und Ausatmen zu verweilen, und Sie werden anfangen, innere Stabilität und inneren Frieden wiederherzustellen. Die Konzentration der Sie umgebenden Menschen wird Sie dabei ebenfalls unterstützen. Praktizieren Sie dies jeden Tag ein bisschen, allein und mit anderen. Wenn Sie auf diese Weise üben, wird es immer leichter, zum achtsamen Atmen zurückzukehren. Je mehr Sie üben, umso leichter berühren Sie die Tiefen Ihres Bewusstseins und umso leichter können Sie die Kraft des Mitgefühls erzeugen. Jeder und jede von uns kann das tun.

Einer Gemeinschaft Gleichgesinnter beizutreten oder sie zu gründen ist für unsere Praxis sehr hilfreich. Die Praxis der Gruppe hilft uns, unsere eigene Übung aufrechtzuerhalten und zu stärken. Allein können wir weder uns selbst noch die Erde heilen.

Wenn wir zusammen als Gemeinschaft praktizieren, wird unsere Achtsamkeitspraxis freudvoller, entspannter und beständiger. Wir sind füreinander Glocken der Achtsamkeit, wodurch wir uns auf dem Weg des Praktizierens unterstützen und an diesen Weg erinnern. Mit Unterstützung der Gemeinschaft können wir Frieden und Freude in uns selbst pflegen und dann auch jenen, die uns umgeben, anbieten. Wir kultivieren unsere Festigkeit und Freiheit, unser Verstehen und Mitgefühl. Wir praktizieren das tiefe Schauen, um jene Einsicht zu erlangen, die uns von Leid, Angst, wertender Unterscheidung und Missverständnissen befreit.

Wir kehren zurück zum gegenwärtigen Augenblick, um in Verbindung mit Mutter Erde zu sein und zu erkennen, dass wir bereits über ausreichende Bedingungen verfügen, um glücklich zu sein; Glück ist in eben diesem Augenblick möglich. Die Ermutigung und die Unterstützung durch eine Sangha können uns enorm helfen. Wenn wir gemeinsam praktizieren, wird uns Achtsamkeit leicht fallen und zu etwas ganz Natürlichem werden.

Erdenbürger

Wir neigen zu dem Glauben, die Menschen zerfielen in zwei Gruppen: jene, die uns ähnlich und jene, die anders sind. Wir lassen zu, dass politische Grenzen unser Miteinander-Verbundensein verdecken. Was wir häufig unter Patriotismus verstehen, ist in Wirklichkeit eine Barriere, die uns davon abhält zu sehen, dass wir alle Kinder derselben Mutter sind. Jede Nation nennt ihr Land Vaterland oder spricht von ihrem Land als ihrer Mutter. Jede Nation versucht zu zeigen, wie sehr sie ihre Mutter liebt. Doch indem sie das tut, trägt jede von ihnen zur Zerstörung unserer größeren Mutter, unserer gemeinsamen Mutter Erde, bei. Indem wir unseren Blick auf unsere menschengemachten Grenzen richten, vergessen wir, dass wir für den ganzen Planeten mitverantwortlich sind.

Wenn wir erkennen, dass wir alle Kinder derselben Mutter sind, werden wir natürlicherweise unser Gefühl, Teil einer großen Familie zu sein, pflegen und stärken wollen. Wenn wir davon sprechen, dass wir unseren Planeten schützen wollen, sprechen wir oft davon, dass wir neue Technologien entwickeln sollten. Doch ohne wirkliche Gemeinschaft kann Technologie eher zerstörerisch als aufbauend wirken. Wirkliche Gemeinschaft, die wir mit unserer Achtsamkeitspraxis schaffen, ermöglicht uns, gemeinsam zu handeln. Wenn wir uns mit uns selbst und der Erde verständigen können, sind wir auch in der Lage, uns mit anderen leichter zu verständigen.

Jeder und jede von uns kann, unabhängig von Nationalität und Glauben, ein Gefühl der Bewunderung und Liebe erleben, wenn er oder sie die Schönheit der Erde und die Schönheit des Kosmos sieht. Dieses Gefühl der Liebe und Bewunderung hat die Kraft, die Bürger der Erde zu vereinen und jede Trennung und wertende Unterscheidung aufzuheben. Dass wir uns um unsere Mitwelt kümmern, ist keine Pflicht, sondern eine Frage persönlichen und gesellschaftlichen Glücks und Überlebens. Wir werden gemeinsam mit unserer Mutter Erde überleben und gedeihen oder wir werden gar nicht überleben.

5. Übungen, um sich in Mutter Erde zu verlieben

WIR KÖNNEN SOFORT beginnen, uns in die Erde zu verlieben. Wir müssen uns darauf nicht groß vorbereiten. Jedes Mal, wenn wir in unserem Alltag Achtsamkeit praktizieren, vertieft sich unsere Praxis, und wir sind in der Lage, mehr Liebe und Mitgefühl zu empfinden. Das führt zu einem tieferen Verständnis und mehr Einsicht.

Achtsamkeit ist die fortwährende Praxis, jeden Alltagsmoment tief zu berühren. Achtsam zu sein bedeutet, körperlich und geistig wirklich anwesend zu sein, Harmonie in unsere Absichten und Handlungen zu bringen und in Einklang mit den uns umgebenden Menschen zu sein.

Wir brauchen dafür keine Extrazeit außerhalb unseres täglichen Handelns zu reservieren. Wir können Achtsamkeit in jedem Augenblick des Tages praktizieren, in der Küche, auf der Toilette, im Schlafzimmer und auf dem Weg von einem Ort zum anderen. Wir können achtsam sein, wenn wir abwaschen, uns morgens duschen oder Auto fahren.

Wir können die gleichen Dinge wie immer tun – gehen, sitzen, arbeiten, essen und so weiter –, mit Achtsamkeit für das, was wir tun. Wenn wir essen, wissen wir, dass wir essen. Wenn wir eine Tür öffnen, wissen wir, dass wir eine Tür öffnen. Unser Geist begleitet unsere Handlungen.

Achtsames Atmen

Unser Atmen ist ein stabiler Boden, zu dem wir Zuflucht nehmen können. Egal, was in uns vor sich geht – Gedanken, Emotionen oder Sinneswahrnehmungen –, unser Atmen begleitet uns stets wie ein treuer Freund. Jedes Mal, wenn wir von unseren Gedanken fortgetragen oder von starken Emotionen überwältigt werden oder wenn unser Geist ruhelos und zerstreut ist, können wir zu unserem Atem zurückkehren. Wir führen Körper und Geist zusammen und sammeln, beruhigen und verankern unseren Geist.

Wir sind uns der Luft, die in unseren Körper ein- und aus ihm hinausströmt, bewusst. Sind wir gegenüber unserem Atmen achtsam, wird es uns leichtfallen, ruhig und friedvoll zu werden. Zu jeder Tages- und Nachtzeit und egal, ob wir gehen, Auto fahren, im Garten arbeiten oder am Computer sitzen, können wir zur friedvollen Zuflucht unseres eigenen Atems zurückkehren. Wir können still sagen:

> *Einatmend weiß ich, dass ich einatme.*
> *Ausatmend weiß ich, dass ich ausatme.*

Um Ihre Achtsamkeit und Konzentration zu stärken, folgen Sie sanft und leicht jedem Atemzug bis zum Ende, jedem Ein- und Ausatmen. Nur sitzen und Ihrem Atem folgen kann Ihnen viel Freude und Heilung bringen.
Der beste Weg, wie Sie sich wieder mit Ihrem Körper vereinigen können, ist, den Atem dafür zu nutzen. Achtsamkeit für das Atmen führt Sie zu Ihrem Körper zurück. Seien Sie mit Ihrem Körper, und erinnern Sie sich, dass Sie ihn haben. Lassen Sie alle Anspannung los und lassen Sie Ruhe in Ihren Körper einkehren. Das ist der erste Schritt, um Wohlgefühl wiederzuerlangen. Indem Sie Ihren Geist heim in Ihren Körper führen, finden Sie Ihre Basis im Hier und Jetzt und haben die Möglichkeit, auf tiefe Weise Ihr Leben zu leben und jeden Augenblick zu erfahren. Wenn Sie mit Ihrem Körper in Verbindung sind, sind Sie mit dem Leben, dem Kosmos und der Erde in Verbindung.

Sitzmeditation

Hier zu sitzen ist,
wie unter dem Bodhi-Baum zu sitzen.
Mein Körper ist die Achtsamkeit selbst,
frei von jeglicher Ablenkung.

Wenn Sie sich hinsetzen, seien Sie sich bewusst, dass Sie auf der Erde sitzen. Folgen Sie Ihrem Ein- und Ausatmen. Nehmen Sie Ihre Wirbelsäule wahr – wie sie lang, aufrecht und entspannt wie ein Baum ist. Spüren Sie Ihre Verwurzelung in der Erde und Ihren Körper als eine Verbindung zwischen Himmel und Erdboden. Spüren Sie einfach Ihren Atem. Gedanken kommen und gehen wie Wolken. Halten Sie nicht fest an ihnen und folgen Sie ihnen nicht, lassen Sie sie einfach vorbeiziehen. Erlauben Sie Ihrem Körper, sich ganz zu entspannen. Strengen Sie sich nicht an. Erlauben Sie Ihrem Geist, zur Ruhe zu kommen.

Wir meditieren nicht, um ein Buddha oder um erleuchtet zu werden. Wir sitzen, um glücklich zu sein. Das ist alles. Wir sitzen nur, um da zu sein. Wir sitzen, um gewahr zu sein, dass die wunderbare Welt unmittelbar in uns, über uns, unter uns und um uns herum ist. Wenn wir auf diese Weise sitzen, wird Glück Wirklichkeit.

Wir können 15, 30 oder 45 Minuten sitzen. Doch auch wenn wir nur wenige Minuten sitzen, sollten wir es genießen und aus jedem Augenblick, den wir sitzen, Nutzen ziehen. Wie vielen Menschen auf der Welt ist es möglich, ihren Tag so friedlich zu beginnen und früh am Morgen still und ruhig zu sitzen? Wir haben auch viele Möglichkeiten, den Tag über achtsam zu sitzen, egal ob wir zu Hause, in der Schule, in der Arbeit, im Auto oder im Zug sind. Voller Frieden und Glück in unserem Sitzen, können wir sagen:

Frieden, während ich sitze.
Freude, während ich atme.
Frieden, während ich sitze.
Freude, während ich atme.

Das ist eine Kunst.

Achtsam essen und trinken

Etwas so Einfaches und Alltägliches, wie eine Tasse Tee zu trinken, kann uns große Freude bereiten und uns helfen, unsere Verbindung mit der Erde zu spüren. Die Art, wie wir unseren Tee trinken, wird unser Leben verwandeln, wenn wir ihr wirklich unsere Aufmerksamkeit widmen.

Manchmal hetzen wir durch unseren Alltag und freuen uns dabei auf die Zeit, wenn wir endlich alles geschafft haben und eine Tasse Tee trinken können. Doch wenn wir dann schließlich mit der Tasse in der Hand dasitzen, läuft uns unser Geist weiterhin in die Zukunft davon, und wir können nicht genießen was wir tun; wir verlieren die Freude daran, unseren Tee zu trinken. Wir müssen unsere Bewusstheit wach halten und jeden Augenblick unseres täglichen Lebens schätzen lernen. Vielleicht erscheinen uns unsere anderen Arbeiten als weniger erfreulich als das Teetrinken. Doch wenn wir sie mit Gewahrsein tun, finden wir sie möglicherweise sehr genussreich.

Eine Tasse Tee zu trinken ist ein Vergnügen, dass wir uns jeden Tag bereiten können. Um unsere Tasse Tee zu genießen, müssen wir ganz anwesend sein und uns klar und tief bewusst sein, dass wir Tee trinken.

Wenn Sie Ihre Tasse zum Mund führen, sollten Sie achtsam einatmen und ganz präsent werden. Wenn Sie vollständig im gegenwärtigen Augenblick angekommen sind, sind Sie frei von der Vergangenheit und der Zukunft, von Ihren Gedanken, Sorgen und Projekten. In diesem Zustand der Freiheit trinken Sie Ihren Tee. Es gibt darin Glück, Frieden und ein Gefühl der Ver-

bundenheit mit allem Leben. Wenn Sie auf tiefe Weise in Ihren Tee blicken, erkennen Sie, dass Sie wohlriechende Pflanzen trinken, die ein Geschenk von Mutter Erde sind. Sie sehen die Arbeit der Teepflücker; Sie sehen die üppigen Teeplantagen in Sri Lanka, China und Vietnam. Sie wissen, dass Sie eine Wolke trinken, den Regen trinken. Der Tee enthält das gesamte Universum.
Vor dem Essen können wir uns einen Augenblick Zeit nehmen, um über unser Essen nachzusinnen. In den Fünf Betrachtungen vor dem Essen geloben wir, auf eine Weise zu essen, die unser Mitgefühl erhält und das Leiden lebender Wesen verringert. Menschen ohne Mitgefühl können nicht glücklich sein, denn sie sind von anderen abgeschnitten und können keine Beziehung zur Welt unterhalten. Wir brauchen auch Mitgefühl für die Erde, unsere Mutter. Wenn wir essen, gedenken wir all der Menschen, Pflanzen, Tiere und Mineralien, die zur Erzeugung des Essens auf unserem Teller beigetragen haben – der Regenwürmer, die den Boden anreichern, der Bauern, die das Land bearbeitet, der Menschen, die die Ernte eingebracht haben –, doch wir erinnern uns auch an die vielen Tier- und Pflanzenarten, die aufgrund unserer Art des Essens und Konsumierens bereits ausgestorben und von der Erde verschwunden sind.
Vor dem Essen atmen wir gemeinsam und betrachten

das Essen, während wir die Menschen wertschätzen, die es zubereitet haben und all die Bedingungen, die daran beteiligt gewesen sind, dass dieses Mahl zu uns gekommen ist. Wir wissen, dass dieses Essen der Leib von Mutter Erde und der Leib des gesamten Kosmos ist. Wir geloben, es auf eine Weise zu uns zu nehmen, die unsere Gesundheit und unser Wohlbefinden sowie die Gesundheit und das Wohlergehen unseres Planeten erhält. Auf diese Weise tief schauend, erfüllt uns Dankbarkeit, die wir zum Ausdruck bringen wollen. Das können wir tun, indem wir die Fünf Betrachtungen rezitieren.

Die Fünf Betrachtungen

1. Dieses Essen ist ein Geschenk der Erde, des Himmels, des Universums, zahlloser Lebewesen und vieler harter Arbeit.
2. Mögen wir es achtsam und dankbar zu uns nehmen, um seiner würdig zu sein.
3. Mögen wir unsere unheilsamen Geisteszustände transformieren, vor allem unsere Gier, und lernen, maßvoll zu essen.

4. Mögen wir unser Mitgefühl aufrechterhalten, indem wir uns auf eine Weise ernähren, die das Leiden der Lebewesen verringert, unseren Planeten erhält und den Prozess der globalen Erwärmung umkehrt.
5. Wir nehmen diese Nahrung an, damit wir unsere Geschwisterlichkeit nähren, unsere Sangha stärken und unser Ideal, allen Lebewesen zu dienen, fördern.

Gehmeditation

Bei der Übung der Gehmeditation setzen wir jeden Schritt voll Dankbarkeit und Freude, denn wir wissen, dass wir auf Mutter Erde gehen. Wir können unseren Fuß sanft auf die Erde setzen und sie, die uns geboren hat und von der wir ein Teil sind, damit ehren. Wir sind uns bewusst, dass die Erde, auf der wir gehen, heilig ist. Mit jedem Schritt berühren wir die Erd-Bodhisattva, daher sollte jeder Schritt liebevoll und friedvoll erfolgen. Wir sollten voller Achtung sein, denn wir wissen, dass wir auf unserer Mutter gehen. Wenn wir auf diese Weise gehen, wird jeder Schritt heilend und nährend sein. Gehen Sie voller Ehrerbietung. Darin können wir uns üben. Wo immer wir gehen – im Bahnhof oder im Supermarkt –, gehen wir auf Mutter Erde, sodass ein Heiligtum entsteht, wo immer wir sind.

Jeder Schritt enthält Einsicht. Jeder Schritt führt Glück mit sich. In jedem Schritt ist Liebe – Liebe und Mitgefühl für die Erde und alle Wesen ebenso wie für uns selbst. Wir können es mit langsamem Gehen versuchen. Atmen Sie ein und machen Sie einen Schritt, atmen Sie aus und machen Sie einen weiteren. Warum gehen wir so? Um in Verbindung mit der großen Erde zu sein, in Verbindung mit der Welt um uns. Wenn wir so in Berührung mit allem sind, wenn wir uns vollständig des Wunders, dass wir auf der Erde gehen, bewusst sind, nährt und heilt uns jeder Schritt. Dreißig Schritte, die wir mit dieser Einsicht gehen, sind dreißig Gelegenheiten, uns zu nähren und zu heilen. Seien Sie daher, wenn Sie gehen, mit allen Fasern Ihres Seins beim Gehen. Geben Sie nicht vor, achtsam zu gehen, wenn Sie in Wirklichkeit Ihren Einkauf oder Ihr nächstes Treffen mit einem anderen Menschen planen. Gehen Sie mit Ihrem ganzen Körper und Geist. Denken Sie nicht. Wenn Sie mit anderen Menschen sprechen wollen, bleiben Sie dafür stehen. Wir sollten auch nicht mit dem Handy telefonieren oder essen, während wir gehen, denn wir wollen jeden Schritt genießen. Ebenso wollen wir ganz da sein für die Person, mit der wir sprechen, oder für die Nahrung, die wir zu uns nehmen. Wir können uns irgendwohin setzen, um in Ruhe jemanden anzurufen, Mitgebrachtes zu essen oder in Achtsamkeit unseren Saft zu trinken. Jeder Schritt erfordert Achtsamkeit. Jeder Schritt sollte unserem Körper und Geist Frieden bringen. Jedem Schritt sollte die Einsicht in unsere Verbundenheit mit der Erde innewohnen.

Bei der Gehmeditation vereinigen wir unseren Körper und unseren Geist. Wir verbinden unseren Atem mit unseren Schritten. Stimmen Sie Ihre Schritte und Ihren Atem auf eine für Sie angenehme Weise aufeinander ab. Während eines Einatmens machen Sie vielleicht ein, zwei, drei oder vier Schritte. Beim Ausatmen machen Sie möglicherweise ein paar Schritte mehr als während des Einatmens.

Wir machen beispielsweise während des Einatmens zwei Schritte und während des Ausatmens drei oder beim Einatmen drei und beim Ausatmen vier oder fünf. Finden Sie Ihre eigene Zählweise, die sich in Übereinstimmung mit Ihrem natürlichen Atem befindet. Einatmen vier Schritte, ausatmen sechs. Ein fünf, aus acht. Wenn wir auf diese Weise gehen und atmen ohne zu denken, ist das sehr angenehm.

Gehmeditation ist ein Weg, um zu dem wunderbaren Augenblick zu gelangen, in dem wir gerade leben. Wenn unser Geist von etwas gefangen ist, während wir gehen, beschäftigt mit Sorgen und Leiden, oder wenn wir uns mit anderen Dingen ablenken, können wir keine Achtsamkeit praktizieren; wir können den gegenwärtigen Augenblick nicht genießen. Wir verpassen das Leben. Doch wenn wir wach sind, werden wir erkennen, dass dies ein wunderbarer Augenblick ist, den uns das Leben schenkt – der einzige, in dem das Leben für uns zugänglich ist. Wir können jeden Schritt, den wir gehen, wertschätzen, und jeder Schritt kann für uns voller Glück sein, weil wir in Verbindung mit dem Leben, mit der Quelle des Glücks und mit unserem geliebten Planeten sind.

6. Zehn Liebesbriefe an die Erde

DIE FOLGENDEN MEDITATIONEN sind Liebesbriefe an die Erde. Sie sind Betrachtungen, die helfen können, ein vertrautes Gespräch, einen lebendigen Dialog mit unserem Planeten entstehen zu lassen. Vor allem sind sie eine Praxis tiefen Schauens.

Um zu überleben, sowohl als Einzelne als auch als Gattung, brauchen wir eine Bewusstseinsrevolution. Sie kann mit unserem kollektiven Erwachen beginnen. Indem wir achtsam und konzentriert in tiefer Weise schauen, werden wir erkennen, dass wir die Erde sind, und aus dieser Einsicht werden Liebe und Verstehen erwachsen.

Die folgenden Liebesbriefe können Ihre Praxis der Geh- und Sitzmeditation sowie des achtsamen Essens bereichern. Vielleicht möchten Sie darüber nachsinnen, wenn Sie still an einem See sitzen, den Nachthimmel betrachten oder durch den Wald gehen. Diese Liebesbriefe können Ihre Achtsamkeitspraxis bei der

Gartenarbeit oder beim Kochen, auf Ihrem Gang die Straße entlang, auf einer Zugfahrt oder während eines Flugs vertiefen. Sie können sie langsam Ihr Bewusstsein durchdringen lassen, wo sie Einsicht, Heilung und Transformation bewirken werden.

Vielleicht wollen Sie sich einen ruhigen Ort suchen, wo Sie für sich sein und diese Liebesbriefe lesen können. Oder Sie möchten sie gemeinsam mit anderen laut lesen. Möglicherweise fühlen Sie sich sogar inspiriert, Ihren eigenen Liebesbrief an Mutter Erde zu schreiben. Es gibt keine Beschränkung in Bezug darauf, wo oder wie jeder und jede Einzelne von uns ein vertrautes Gespräch mit der Erde haben kann.

I.
Geliebte Mutter aller Dinge

Liebe Mutter Erde,

ich verneige mich vor Dir, da ich in tiefer Weise schauend erkenne, dass Du in mir gegenwärtig bist und ich ein Teil von Dir bin. Aus Dir bin ich geboren; Du bist immer gegenwärtig und bietest mir alles, was ich brauche, um mich zu ernähren und um zu wachsen. Auch meine Mutter, mein Vater und alle meine Vorfahren sind Deine Kinder. Wir atmen Deine frische Luft. Wir trinken Dein klares Wasser. Wir essen Deine kraftspendende Nahrung. Deine Kräuter heilen uns, wenn wir krank sind.
Du bist die Mutter aller Wesen. Ich rufe Dich mit dem Menschennamen Mutter und weiß doch, dass Deine mütterliche Natur umfassender und älter als die Menschheit ist. Wir sind nur eine junge Gattung unter Deinen vielen Kindern. All die Millionen anderen Arten von Lebewesen, die auf Dir leben – oder gelebt haben –,

sind ebenfalls Deine Kinder. Du bist keine Person, aber ich weiß, dass Du auch nichts Geringeres als eine Person bist. Du bist ein lebendes, atmendes Wesen in Gestalt eines Planeten.

Jedes Lebewesen hat seine eigene Sprache, doch als unser aller Mutter kannst Du uns alle verstehen. Daher kannst Du mich heute hören, da ich Dir mein Herz öffne und mein Gebet darbringe.

Liebe Mutter, wo immer Boden, Wasser, Fels oder Luft ist, bist Du, ernährst mich und schenkst mir Leben. Du bist in jeder Zelle meines Körpers. Mein physischer Körper ist Dein physischer Körper, und so wie Sonne und Sterne in Dir sind, sind sie auch in mir. Du bist mehr als meine natürliche Umwelt. Du bist nichts weniger als ich selbst.

Ich verspreche, das Bewusstsein in mir lebendig zu erhalten, dass Du immer in mir bist und ich immer in Dir bin. Ich verspreche, mir bewusst zu sein, dass Deine Gesundheit und Dein Wohlergehen meine eigene Gesundheit und mein eigenes Wohlergehen sind. Ich weiß, dass ich dieses Bewusstsein in mir lebendig erhalten muss, damit wir beide friedlich, glücklich, gesund und stark sein können.

Manchmal vergesse ich. Wenn ich mich in den Wirren und Sorgen des Alltags verliere, vergesse ich, dass mein Körper Dein Körper ist, und manchmal vergesse ich sogar, dass ich überhaupt einen Körper habe. In Unkenntnis der Gegenwärtigkeit meines Körpers sowie des wunderschönen Planeten um mich und in mir bin ich unfähig, das kostbare Geschenk des Lebens, das Du mir gegeben hast, zu schätzen und zu feiern. Liebe Mutter, mein tiefer Wunsch ist es, zum Gewahrsein des Wunders des Lebens zu erwachen. Ich verspreche, mich darin zu üben, für mich selbst, mein Leben und Dich in jedem Augenblick präsent zu sein. Ich weiß, dass meine wahrhaftige Gegenwart das beste Geschenk ist, das ich Dir, die ich liebe, darbieten kann.

II.
Dein Wunder, Deine Schönheit und Deine Kreativität

Liebe Mutter Erde,

jeden Morgen, wenn ich erwache, schenkst Du mir 24 brandneue Stunden, um Deine Schönheit zu schätzen und zu genießen. Du hast jede wundervolle Lebensform geboren. Unter Deinen Kindern befinden sich der klare See, die grüne Kiefer, die rosafarbene Wolke, der schneebedeckte Berggipfel, der duftende Wald, der weiße Kranich, der goldene Hirsch, die außergewöhnliche Raupe und jeder brillante Mathematiker, jeder geschickte Handwerker und jeder begabte Architekt. Du bist die größte Mathematikerin, die versierteste Handwerkerin und die talentierteste Architektin von allen. Ein einfacher Zweig voller Kirschblüten, ein Schneckenhaus oder ein Fledermausflügel bezeugen diese erstaunliche Wahrheit. Mein tiefer Wunsch ist, so zu leben, dass ich mir jedes Deiner Wunder bewusst bin und von Deiner Schönheit genährt werde. Ich schätze Deine kostbare Schöpferkraft und lächle dieser Gabe des Lebens zu.

Wir Menschen haben talentierte Künstler, doch wie können sich unsere Gemälde mit Deinem Meisterwerk der vier Jahreszeiten messen? Wie könnten wir je eine so überwältigende Morgenröte malen oder einen so strahlenden Sonnenuntergang schaffen? Wir haben großartige Komponisten, doch wie kann sich unsere Musik mit Deiner himmlischen Harmonie mit der Sonne und den anderen Planeten vergleichen – oder mit dem Klang der steigenden Flut? Wir haben große Helden und Heldinnen, die Krieg, Bedrängnis und gefährliche Reisen bestanden haben, doch wie kann sich ihre Tapferkeit mit Deiner Duldsamkeit und Langmut auf Deinem riskanten Flug durch die Äonen vergleichen? Wir besitzen viele große Liebesgeschichten, doch wer von uns kann lieben wie Du, die alle Lebewesen ohne Unterschied umarmt?

Liebe Mutter, Du hast unzählige Buddhas, Heilige und erleuchtete Wesen geboren. Buddha Shakyamuni ist ein Kind von Dir. Jesus Christus ist Gottes Sohn, und doch ist er auch der Menschen Sohn, ein Kind der Erde, Dein Kind. Auch Mutter Maria ist eine Tochter der Erde. Der Prophet Mohammed ist ebenfalls Dein Kind. Moses ist Dein Kind. Ebenso alle Bodhisattvas. Du bist auch die

Mutter herausragender Denker und Wissenschaftlerinnen, die große Entdeckungen gemacht haben und nicht nur unser eigenes Sonnensystem und die Milchstraße erforscht und verstanden haben, sondern auch die entferntesten Galaxien. Durch diese talentierten Kinder vertiefst Du Deine Kommunikation mit dem Kosmos. Da ich weiß, dass Du so viele großartige Wesen geboren hast, weiß ich auch, dass Du nicht bloß träge Materie, sondern lebendiger Geist bist. Weil Du mit der Fähigkeit zu erwachen ausgestattet bist, sind auch alle Deine Kinder dazu in der Lage. Jeder von uns trägt in sich den Samen des Erwachens, die Fähigkeit, in Harmonie mit unserer tiefsten Weisheit – der Weisheit des Interseins – zu leben.

Doch es gibt Zeiten, in denen wir nicht so gut gehandelt haben. Es gibt Zeiten, in denen wir Dich nicht genug geliebt haben; Zeiten, in denen wir Deine wahre Natur vergessen haben; und Zeiten, in denen wir zwischen Dir und uns unterschieden und Dich anders als uns selbst behandelt haben. Es hat sogar Zeiten gegeben, in denen wir Dich aus Unwissenheit und Ungeschicklichkeit unterschätzt, ausgebeutet, verletzt und verschmutzt haben. Daher lege ich heute, mit Dankbarkeit und Liebe in meinem Herzen, das tiefe Gelübde ab, dass ich Deine Schönheit wertschätze und schütze und Dein wunderbares Bewusstsein in meinem eigenen

Leben zum Ausdruck bringe. Ich gelobe, dass ich den Fußstapfen jener folge, die vor mir den Weg gegangen sind, im Erwachtsein und in Mitgefühl zu leben, und mich auf diese Weise als würdig erweise, mich Dein Kind zu nennen.

III.
Zärtlich auf Mutter Erde gehen

Liebe Mutter Erde,

jedes Mal, wenn ich einen Schritt auf der Erde gehe, werde ich mich darin üben zu erkennen, dass ich auf Dir, meiner Mutter, gehe. Jedes Mal, wenn ich einen Fuß auf die Erde setze, habe ich eine Gelegenheit, mit Dir und all Deinen Wundern in Berührung zu sein. Jeder Schritt kann mich mit der Tatsache in Berührung bringen, dass Du nicht einfach nur unter mir bist, liebe Mutter, sondern auch in mir. Jeder achtsame und behutsame Schritt kann mich nähren, heilen und im gegenwärtigen Augenblick in Verbindung mit mir selbst und Dir bringen.

Indem ich in Achtsamkeit gehe, kann ich meine Liebe, Achtung und Fürsorge für Dich, unsere kostbare Erde, ausdrücken. Auch werde ich mit der Wahrheit in Berührung kommen, dass Geist und Körper keine getrennten Einheiten sind. Ich werde mich darin üben, in tiefer Weise zu schauen, um Deine wahre Natur zu erkennen: Du bist meine liebende Mutter, ein *lebendiges* Wesen, ein *großartiges* Wesen – ein gewaltiges, wunderschönes und kostbares Wunder. Du bist nicht nur Materie, Du bist auch Geist und Bewusstsein. Genauso wie die schöne Kiefer oder das empfindliche Maiskorn über ein eigenes Wissen verfügen, verfügst auch Du darüber. In Dir, liebe Mutter Erde, gibt es die Elemente Erde, Wasser, Luft und Feuer ebenso wie es Zeit, Raum und Bewusstsein gibt. Unser Wesen ist Dein Wesen, das auch das Wesen des Kosmos ist.

Ich möchte sanft gehen, mit Schritten der Liebe und Hochachtung. Ich werde mit meinem vereinten Körper und Geist gehen. Ich weiß, ich vermag auf eine Weise zu gehen, in der jeder Schritt ein Genuss ist, jeder Schritt nährend und jeder Schritt heilend – nicht nur für meinen Körper und Geist, sondern auch für Dich, liebe Mutter Erde. Du bist der schönste Planet in unserem gesamten Sonnensystem. Ich will nicht von Dir weglaufen, liebe Mutter, nicht in Eile sein. Ich weiß, dass ich Glück gerade hier mit Dir finden kann. Ich muss mich nicht beeilen, um in der Zukunft günstigere Bedingungen für mein Glück zu finden. Mit jedem Schritt kann ich Zuflucht zu Dir nehmen. Mit jedem Schritt kann ich mich an Deinen Schönheiten erfreuen, dem zarten Schleier Deiner Atmosphäre und dem

Wunder der Schwerkraft. Ich kann in meinem Denken innehalten. Ich kann entspannt und ohne Anstrengung gehen. Gehe ich in diesem Geist, vermag ich, Erwachen zu erfahren. Mir wird bewusst, dass ich am Leben bin und das Leben ein kostbares Wunder ist. Mir wird bewusst, dass ich nie allein bin und nie sterben kann. Stets bist Du bei jedem meiner Schritte in mir und um mich, nährst mich, umarmst mich und trägst mich weit in die Zukunft.

Liebe Mutter, Du wünschst Dir, dass wir bewusster und dankbarer leben, und wir können das tun, indem wir die Energie der Achtsamkeit, des Friedens, der Beständigkeit und des Mitgefühls in unserem täglichen Leben erzeugen. Daher verspreche ich heute, Deine Liebe zu erwidern und Deinen Wunsch dadurch zu erfüllen, dass ich in jeden Schritt, den ich auf Dir gehe, Liebe und Zärtlichkeit lege. Ich gehe nicht nur auf Materiellem, sondern auch auf Geist.

IV.
Deine Beständigkeit, Deine Geduld und Dein alles umarmendes Wesen

Liebe Mutter Erde,

Du bist dieser unendlich schöne blaue Planet, duftend, kühl und gütig. Deine unermessliche Langmut und Duldsamkeit machen Dich zu einer großen Bodhisattva. Obwohl wir viele Fehler begangen haben, vergibst Du uns stets. Jedes Mal, wenn wir zu Dir zurückkehren, bist Du bereit, Deine Arme zu öffnen und uns zu umarmen.

Wann immer ich unsicher bin, die Verbindung zu mir selbst verliere oder mich in Unachtsamkeit, Traurigkeit, Hass oder Verzweiflung verloren habe, weiß ich, dass ich zu Dir zurückkehren kann. Indem ich Dich berühre, kann ich Zuflucht finden; ich kann meinen Frieden wiederherstellen und meine Freude und mein Selbstvertrauen zurückgewinnen. Du liebst, schützt und nährst uns alle ohne Unterschied.

Du verfügst über eine gewaltige Fähigkeit, alles, womit Du beworfen wirst, zu umarmen, zu handhaben und zu transformieren, egal, ob es sich um Asteroiden, Dreck und Müll, giftigen Rauch oder radioaktive Abfälle handelt. Die Zeit hilft Dir dabei, und Deine Geschichte zeigt, dass es Dir stets gelungen ist, selbst wenn es Millionen von Jahren dauerte. Du warst in der Lage, nach dem verheerenden Zusammenstoß, der den Mond hervorgebracht hat, dein Gleichgewicht wiederzufinden, und hast mindestens fünfmal ein massenhaftes Artensterben überstanden und Dich danach jedes Mal wieder erholt. Du hast eine außerordentliche Fähigkeit, Dich zu erneuern, zu transformieren und selbst zu heilen – und auch uns, Deine Kinder.

Ich glaube an Deine große Heilkraft. Mein Glaube rührt aus meinen eigenen Beobachtungen und Erfahrungen, nicht aus dem, was andere mir zu glauben einreden wollen. Daher weiß ich, dass ich Zuflucht zu Dir nehmen kann. Während ich gehe, sitze oder atme, kann ich mich Dir übergeben, Dir völlig vertrauen und zulassen, dass Du mich heilst. Ich weiß, dass ich überhaupt nichts tun muss. Ich kann mich einfach entspannen, all die Anspannung in meinem Körper und all die Ängste und Sorgen in meinem Geist loslassen. Egal ob ich sitze, liege oder stehe, ich erlaube mir, Zuflucht bei Dir zu nehmen, mich von Dir halten und heilen zu lassen. Ich vertraue mich Dir an, Mutter Erde. Jeder und jede von uns braucht einen Zufluchtsort, doch möglicherweise wissen wir nicht, wo wir ihn finden oder wie wir zu ihm gelangen können. Tief schauend kann ich heute erkennen, dass Du, mein geliebter Planet, mein wahres Zuhause, mein wahrer Zufluchtsort bist. Ich nehme Zuflucht zu Dir, Mutter Erde. Und ich muss nirgendwohin gehen, um Dich zu finden; Du bist schon in mir und ich bin schon in Dir.

Liebe Mutter, jedes Mal, wenn ich in Stille auf Deiner Erde sitze, werde ich mir bewusst machen, dass ich, da Du in mir bist, Deine wunderbaren Eigenschaften verkörpern kann: Festigkeit, Beharrlichkeit, Geduld und Langmütigkeit; Tiefe, Ausdauer und Stabilität; großen Mut, Nichtangst und unerschöpfliche Kreativität. Ich gelobe, mit ganzem Herzen zu praktizieren, um diese Eigenschaften zu verwirklichen, wohl wissend, dass Du diese Potenziale bereits als Samen in den Boden meines Herzens und Geistes gesät hast.

V.
Der Himmel auf Erden

Liebe Mutter Erde,

es gibt unter uns jene, die über die Erde gehen und nach einem gelobten Land suchen, aber nicht erkennen, dass Du der wunderbare Ort bist, nach dem wir unser ganzes Leben lang gesucht haben. Du bist bereits ein wundervolles und wunderschönes Himmelreich – der schönste Planet im Sonnensystem; der schönste Ort im Himmel. Du bist das Reine Land, in dem sich in der Vergangenheit zahllose Buddhas und Bodhisattvas manifestiert haben, Erleuchtung erlangt und das Dharma gelehrt haben.
Ich muss mir kein Reines Land des Buddha im Westen oder ein Reich Gottes dort oben, wohin ich nach meinem Tod gehen werde, vorstellen. Der Himmel befindet sich hier auf der Erde. Das Reich Gottes ist hier und jetzt. Ich muss nicht sterben, um im Reich Gottes zu sein. Tatsächlich muss ich dafür sehr lebendig sein. Ich kann das

Reich Gottes mit jedem Schritt berühren. Wenn ich den gegenwärtigen Augenblick tief in der historischen Dimension berühre, berühre ich das Reich Gottes, berühre das Reine Land, berühre das Letztendliche und berühre die Ewigkeit. In tiefem Kontakt mit der Erde und den Wundern des Lebens berühre ich mein wahres Wesen. Die herrliche Orchidee, der Sonnenstrahl und selbst mein wundervoller Körper – wenn sie nicht zum Reich Gottes gehören, was dann? Wenn ich die Erde tief blickend betrachte, sei es eine dahintreibende Wolke oder ein fallendes Blatt, kann ich die Natur von Nichtgeburt und Nichttod der Wirklichkeit erkennen. Mit Dir, lieber Mutter, werden wir in die Ewigkeit getragen. Wir sind nie geboren worden und werden nie sterben. Wenn wir das einmal begriffen haben, können wir das Leben zur Gänze schätzen und genießen, ohne Angst vor dem Altern oder dem Tod, nicht gefangen in persönlichen Komplexen, nicht in der Sehnsucht, die Dinge möchten anders sein, als sie sind. Wir sind und wir haben bereits alles, wonach wir suchen.

Das Himmelreich besteht nicht außerhalb von uns, sondern in unseren Herzen. Ob wir in der Lage sind, das Reich Gottes bei jedem Schritt zu berühren, hängt davon ab, wie wir schauen, wie wir hören und wie wir gehen. Wenn mein Geist ruhig und friedlich ist, wird der Boden, auf dem ich gehe, zum Paradies.

Da sind jene, die sagen, dass es in ihrem Himmel kein Leid gibt. Doch wenn es dort kein Leid gibt, wie kann es dort Glück geben? Wir brauchen Kompost, um Blumen zu ziehen, und Schlamm, um den Lotos zum Blühen zu bringen. Wir benötigen Schwierigkeiten, um Einsichten über sie zu erlangen; Erleuchtung ist stets Erleuchtung über etwas.

Liebe Mutter, ich verspreche, diese Sichtweise zu pflegen. Ich verspreche, die Praxis friedvollen und achtsamen Verweilens im Hier und Jetzt zu genießen, sodass ich das Reine Land, das Reich Gottes Tag und Nacht berühren kann. Ich verspreche, dass ich mit jedem Schritt die Ewigkeit berühren werde. Mit jedem Schritt werde ich den Himmel hier auf der Erde berühren.

VI.
Unsere äonenlange Reise

Liebe Mutter Erde,

erinnerst Du Dich, wie Ihr, Du und Vater Sonne, Euch zu Anfang aus dem Staub zerborstener Sterne und interstellarem Gas gebildet habt? Du trugst noch nicht den seidenen Umhang der Frische, den Du heute trägst. Damals, Mutter, vor mehr als viereinhalb Milliarden Jahren, bestand Dein Gewand aus geschmolzenem Gestein. Bald erkaltete es, um eine harte Kruste zu bilden. Obwohl Vaters Licht weitaus schwächer als heute war, fing Deine dünne Atmosphäre die Wärme ein und bewahrte die Ozeane vor dem Zufrieren. In diesen ersten paar Hundertmillionen Jahren überwandest Du viele große Schwierigkeiten und schufst eine Umgebung, die Leben möglich machen und aufrechterhalten konnte. Aus Deinen Vulkanen entließest Du immense Hitze, große Feuer und viel Gas. Dampf wurde aus Deiner Kruste ausgestoßen, um zu Dunst in Deiner

Atmosphäre und zu Wasser in Deinen großen Ozeanen zu werden. Deine Schwerkraft half, die lebenserhaltende Atmosphäre zu verankern, und Dein magnetisches Feld verhinderte, dass sie von Sonnenwinden und kosmischer Strahlung fortgezogen wurde.

Doch noch bevor Du die Atmosphäre bilden konntest, hast Du einen Zusammenstoß mit einem großen Himmelskörper erlitten, beinah von der Größe des Mars. Ein Teil des aufprallenden Planeten wurde zu Dir; der Rest wurde mit einem Teil Deines Mantels und Deiner Kruste zum Mond. Liebe Mutter, der Mond ist ein Teil von Dir, so schön wie ein Engel. Für Dich ist er eine Art Bruder, der Dir fortwährend folgt, Dir hilft, langsamer zu werden und Dein Gleichgewicht zu halten, und der den Rhythmus der Gezeiten auf Deinem Körper erzeugt.

Unser gesamtes Sonnensystem ist eine Familie, die sich um Vater Sonne in einem freudigen und harmonischen Tanz dreht. Zuerst kommt Merkur, metallisch und voller Krater, der Sonne am nächsten. Als Nächste die Venus mit ihrer starken Hitze, ihrer Hochdruckatmosphäre und ihren Vulkanen. Dann kommst Du, geliebte Mutter Erde, die Schönste von allen. Außerhalb unserer Bahn kreist der Rote Planet, der kalte und trostlose Mars; und nach dem Asteroidengürtel kommt der Gasriese Jupiter, der weitaus größte Planet, beglei-

tet von einer Versammlung unterschiedlicher Monde. Jenseits von Jupiter kreist Saturn, der eindrucksvoll beringte Planet, gefolgt von dem nach einem Zusammenstoß zur Seite geneigten Uranos, und schließlich dem fernen blauen Neptun mit seinen heftigen Stürmen und starken Winden. Betrachte ich diese Pracht, kann ich erkennen, dass Du, Mutter Erde, die kostbarste Blume unseres Sonnensystems bist, ein wahres Juwel des Kosmos.
Du hast eine Milliarde Jahre benötigt, um damit zu beginnen, die ersten Lebewesen hervorzubringen. Komplexe Moleküle, die vielleicht aus dem Weltraum zu Dir getragen worden waren, fingen an, in Strukturen, die sich selbst vervielfältigten, zusammenzukommen, wobei sie allmählich lebenden Zellen immer ähnlicher wurden. Lichtpartikel von fernen Sternen, Millionen Lichtjahre entfernt, kamen zu Besuch und blieben eine Weile. Kleine Zellen wurden Schritt für Schritt zu größeren; einzellige Organismen entwickelten sich zu mehrzelligen. Leben entwickelte sich aus der Tiefe der Ozeane, vervielfältigte sich, gedieh und verbesserte stetig die Atmosphäre. Langsam konnte sich die Ozonschicht bilden, die schädliche Strahlung daran hinderte, Deine Oberfläche zu erreichen, und dem Leben an Land zu blühen ermöglichte. Erst dann, als sich das Wunder der Fotosynthese entfaltete, begannst

Du, den erlesenen grünen Mantel zu tragen, den Du heute trägst.

Doch alle Phänomene sind unbeständig, ständiger Veränderung unterworfen. In weiten Gebieten der Erde ist das Leben bereits mehr als fünfmal zerstört worden, darunter vor 60 Millionen Jahren, als der Aufprall eines riesigen Asteroiden das massenhafte Aussterben der Dinosaurier und drei Viertel aller anderen Arten bewirkte. Liebe Mutter, ich bin voller ehrfurchtsvollem Staunen angesichts Deiner Geduld und Schöpferkraft, allen harten Bedingungen, die Du ertragen musstest, zum Trotz. Ich verspreche, dass ich mich an unsere außergewöhnliche, äonenlange Reise erinnere und meine Tage in dem Bewusstsein lebe, dass wir alle Deine Kinder und alle aus Sternen gemacht sind. Ich verspreche, meinen Teil zu tun und mit meiner eigenen Energie der Freude und der Harmonie zur herrlichen Symphonie des Lebens beizutragen.

VII.
Deine letzte Wirklichkeit: kein Tod, keine Furcht

Liebe Mutter Erde,

Du bist aus dem Staub ferner Supernovas und alter Sterne geboren. Auch Deine Erscheinungsform führt nur etwas fort, und wenn Du aufhörst, in der gegenwärtigen Form zu bestehen, wirst Du in einer anderen weiterbestehen. Dein wahres Wesen ist die letztendliche Dimension der Wirklichkeit – das Wesen von Nichtkommen und Nichtgehen, Nichtgeburt und Nichttod. Das ist auch unser wahres Wesen. Wenn wir fähig sind, das zu berühren, können wir den Frieden und die Freiheit der Nichtangst erfahren.
Und doch fragen wir uns aufgrund unserer beschränkten Sichtweise immer noch, was geschehen wird, wenn sich unsere physische Form auflöst. Wenn wir sterben, kehren wir bloß zu Dir zurück. Du hast uns in der Vergangenheit geboren, und wir wissen, dass Du uns auch

in Zukunft wieder und wieder gebären wirst. Wir wissen, dass wir nie sterben können. Jedes Mal, wenn wir in Erscheinung treten, sind wir frisch und neu; jedes Mal, wenn wir zur Erde zurückkehren, empfängst und umarmst Du uns mit großem Mitgefühl. Wir versprechen, dass wir uns darin üben, tief zu schauen und diese Wahrheit zu berühren – dass unsere Lebensspanne Deine Lebensspanne ist und Deine Lebensspanne grenzenlos ist.

Wir wissen, dass das Letztendliche und das Historische – das Noumenon und das Phänomen – zwei Dimensionen der gleichen Wirklichkeit sind. Berühren wir die historische Dimension – ein Blatt, eine Blume, einen Kiesel, einen Lichtstrahl, einen Berg, einen Fluss, einen Vogel oder unseren eigenen Körper –, können wir das Letztendliche berühren. Wenn wir das Eine in der Tiefe berühren, berühren wir das Ganze. Das ist Intersein.

Liebe Mutter, wir geloben, Dich als unseren Körper und die Sonne als unser Herz zu sehen. Wir werden uns darin üben, Dich und die Sonne in jeder Zelle unseres Körpers zu erkennen. Wir werden Euch beide, Mutter Erde und Vater Sonne, in jedem zarten Blatt, jedem Blitzstrahl, jedem Wassertropfen entdecken. Fleißig werden wir uns darin üben, das Letztendliche zu erkennen und unser eigenes wahres Wesen zu verwirklichen. Wir werden uns darin üben zu erkennen, dass wir nie geboren worden sind und nie sterben werden. Wir wissen, dass es in der letztendlichen Dimension keine Geburt und keinen Tod, kein Sein und kein Nichtsein, kein Leid und kein Glück sowie kein Gut und kein Böse gibt. Wir werden uns darin üben, mit der Einsicht des Interseins tief in die Welt der Zeichen und Erscheinungen zu blicken, um zu erkennen, dass, wenn es keinen Tod gibt, es auch keine Geburt geben kann, dass es ohne Leid auch kein Glück geben kann, dass ohne Schlamm kein Lotos wachsen kann. Wir wissen, dass Glück und Leid, Geburt und Tod einander stützen. Diese Gegensatzpaare sind nur Konzepte. Wenn wir diese dualistischen Sichtweisen in Bezug auf die Wirklichkeit transzendieren, werden wir von aller Angst und Furcht befreit.

Berühren wir das Letztendliche, sind wir glücklich und fühlen uns wohl – wir sind frei von allen Vorstellungen und Konzepten. Wir sind so frei wie ein Vogel, der zum Himmel aufsteigt, so frei wie ein Hirsch, der durch den Wald springt. Wenn wir tief in Achtsamkeit leben, berühren wir unser wahres Wesen gegenseitiger Abhängigkeit und des Interseins. Wir wissen, dass wir eins mit Dir und dem gesamten Kosmos sind. Die letztendliche Wirklichkeit übersteigt alle Vorstellungen und Konzepte. Sie lässt sich weder als persönlich noch als unpersönlich, weder als materiell noch als spirituell, weder als Objekt noch als Subjekt des Geistes beschreiben. Letztendliche Wirklichkeit leuchtet immer und bescheint immer sich selbst. Wir müssen nach dem Letztendlichen nicht außerhalb von uns selbst suchen. Wir berühren das Letztendliche im Hier und Jetzt.

VIII.
Vater Sonne, mein Herz

Lieber Vater Sonne,

Dein unendliches Licht ist die nährende Quelle aller Lebewesen. Du bist unsere Sonne, unsere Quelle grenzenlosen Lichts und Lebens. Dein Licht scheint auf Mutter Erde, bietet uns Wärme und Schönheit und hilft Mutter Erde, uns zu ernähren und allen Gattungen das Leben zu ermöglichen. Betrachte ich Mutter Erde in tiefer Weise, sehe ich Dich in ihr. Du bist nicht nur am Himmel, sondern ewig-gegenwärtig in Mutter Erde und mir. Jeden Morgen trittst Du von Osten her in Erscheinung, eine herrliche rosafarbene Kugel, die strahlend in die zehn Richtungen scheint. Du bist der gütigste aller Väter, mit einer großen Fähigkeit des Verstehens und Mitgefühls, und zugleich bist Du unglaublich kühn und mutig. Die Lichtteilchen, die Du aussendest, reisen über 150 Millionen Kilometer von Deiner ungemein heißen Krone, um uns hier auf der Erde in kaum mehr als acht Minuten zu erreichen. Jede Sekunde bietest Du der Erde eine kleine Menge von Dir in Form von Lichtenergie an. In jedem Blatt, jeder Blume und jeder lebenden Zelle bist Du vorhanden. Doch Tag für Tag nimmt die große physikalische Masse schmelzenden Plasmas von der 330 000-fachen Größe der Erde langsam ab. Innerhalb der kommenden zehn Milliarden Jahre wird sich das meiste davon in Energie verwandeln, die durch den Kosmos strahlt, und obwohl Du nicht mehr in Deiner jetzigen Form sichtbar sein wirst, setzt Du Dich doch in jedem Photon fort, das Du ausgestrahlt hast. Nichts wird verloren gehen, alles wird verwandelt werden.

Lieber Vater, Deine schöpferische Synergie mit Mutter Erde ermöglicht das Leben. Mutters leichte Neigung in ihrer Umlaufbahn beschert uns die vier außergewöhnlichen Jahreszeiten. Ihr Wunder der Fotosynthese macht sich Deine Energie zunutze und erzeugt Sauerstoff für die Atmosphäre, um uns vor Deiner brennenden ultravioletten Strahlung zu schützen. Über die Äonen hinweg hat Mutter Dein Sonnenlicht geschickt geerntet und eingelagert, um ihre Kinder zu erhalten und ihre Schönheit zu mehren. Aufgrund Deines Einklangs mit Mutter Erde können die Vögel es genießen, durch den Himmel zu segeln, und die Hirsche, durch den Wald zu preschen. Dank Deines nährenden Lichts und des wunderbaren Baldachins der Atmosphäre, der uns umfängt, schützt und nährt, kann jede Tierart in ihrem Element Vergnügen finden.

In jedem und jeder von uns ist ein Herz. Wenn unser Herz zu schlagen aufhörte, würden wir augenblicklich sterben. Doch wenn wir hinauf in den Himmel blicken, wissen wir, dass Du, Vater, ebenfalls unser Herz bist. Du bist nicht einfach außerhalb unseres winzigen Körpers, Du steckst in jeder Zelle unseres Körpers und des Körpers von Mutter Erde.

Lieber Vater, Du bist ein wesentlicher Bestandteil des gesamten Kosmos und unseres Sonnensystems. Wenn Du verschwinden würdest, würden auch unser Leben und das von Mutter Erde enden. Ich strebe danach, tief zu schauen, um Dich, Vater Sonne, als mein Herz zu erkennen und auch die wechselseitige Beziehung, das Intersein zwischen Vater Sonne, Mutter Erde, mir selbst und allen Wesen zu erkennen. Ich strebe danach, mich darin zu üben, Mutter Erde und Vater Sonne zu lieben, und ich strebe an, dass die Menschen einander mit der strahlenden Einsicht der Nichtdualität und des Interseins lieben, damit wir alle Arten der Diskriminierung, der Furcht, der Eifersucht, der Abneigung, des Hasses und der Verzweiflung transzendieren.

IX.
Homo conscius

Liebe Mutter Erde,

wir haben uns den Namen *Homo sapiens* gegeben. Die Vorläufer unserer Gattung begannen vor nur ein paar Millionen Jahren in Form von Affen wie dem *Orrorin tugenensis* in Erscheinung zu treten. Sie konnten aufrecht stehen und hatten so ihre Hände für die Verrichtung vielfältiger Dinge frei. In dem Maße, wie sie lernten, Werkzeuge zu gebrauchen und miteinander zu kommunizieren, wuchs und entwickelte sich ihr Gehirn, und im Lauf von sechs Millionen Jahren entwickelten sie sich langsam zum Homo sapiens. Als Landwirtschaft und Gesellschaften entstanden, erwarben wir neue Fähigkeiten, die allein unserer Gattung eigen sind. Wir wurden unserer selbst bewusst und fingen an, nach unserem Platz im Kosmos zu fragen. Doch wir entwickelten auch Wesenszüge, die in Zwietracht mit unserer wahren Natur liegen. Aufgrund unseres Unwissens und Leidens haben wir grausam, böse und gewalttätig gehandelt. Aber wir verfügen auch über die Fähigkeit, durch spirituelle Praxis mitfühlend und hilfreich nicht nur gegenüber unserer eigenen Gattung, sondern auch gegenüber anderen zu sein – und Buddhas, Heilige und Bodhisattvas zu werden. Alle Menschen haben ohne Ausnahme dieses Potenzial, erwachte Wesen zu werden, die Dich, unsere Mutter, schützen und Deine Schönheit erhalten.

Ob wir Menschen, Tiere, Pflanzen oder Mineralien sind, jedem von uns ist die Natur des Erwachens eigen, denn wir alle sind Deine Nachkommen. Doch wir Menschen sind oft stolz auf unser Verstandesbewusstsein. Wir sind stolz auf unsere leistungsstarken Teleskope und unsere Fähigkeit, weit entfernte Galaxien zu beobachten. Nur wenige von uns erkennen, dass unser Bewusstsein Dein eigenes ist; Du vertiefst Dein Verständnis des Kosmos durch uns. Stolz auf unsere Fähigkeit, uns unserer selbst und des Kosmos bewusst zu sein, übersehen wir die Tatsache, dass unser Verstandesbewusstsein von unserer gewohnheitsmäßigen Neigung, zu unterscheiden und in Begriffe zu fassen, begrenzt wird. Wir unterscheiden zwischen Geburt und Tod, Sein und Nichtsein, innen und außen, individuell und kollektiv. Dennoch gibt es Menschen, die in die Tiefe geblickt, ihr Gewahrsein ausgebildet und diese gewohnheitsmäßigen Neigungen überwunden haben, um die Weisheit der Nichtunterscheidung zu erlangen. Ihnen ist es gelungen, die letztendliche Dimension in und um sich zu berühren. Sie waren in der Lage, Dich auf Deinem Entwicklungspfad weiterzuführen, indem sie andere zur Einsicht in die Nichtdualität geführt und Trennung, Unterscheidung, Furcht, Hass und Verzweiflung transformiert haben.

Liebe Mutter, dank des kostbaren Geschenks des Gewahrseins können wir unser eigenes Dasein verstehen und unseren wahren Platz in Dir und im Kosmos erkennen. Wir Menschen sind nicht länger naiv und halten uns nicht länger für die Herren des Universums. Wir wissen, dass wir, was das Universum angeht, winzig und unbedeutend sind, und doch ist unser Geist in der Lage, zahllose Welten zu erfassen. Wir wissen, dass unser wunderschöner Planet Erde nicht das Zentrum des Universums ist, und doch können wir ihn als eine der vielen wunderbaren Erscheinungsformen des Universums erkennen. Wir haben Wissenschaft und Technik entwickelt und das wahre Wesen der Wirklichkeit – Nichtgeburt und Nichttod, weder Sein noch Nichtsein, weder Zunehmen noch Abnehmen, weder gleich noch unterschiedlich – erkannt. Wir verstehen, dass das eine alles enthält, das Größte im Kleinsten enthalten ist und jedes Staubteilchen den gesamten Kosmos beinhaltet. Wir lernen, Dich und unseren Vater noch mehr zu lieben und einander im Licht dieser Einsicht in das Intersein zu lieben. Wir wissen, dass uns dieser nicht dualistische Weg, die Dinge zu betrachten, helfen kann, jegliches wertende Unterscheiden, jede Furcht, jede Eifersucht, jeden Hass und jede Verzweiflung zu transzendieren.

Buddha Shakyamuni ist ein Kind von Dir gewesen, das volles Erwachen am Fuß des Bodhibaums erlangt hat. Am Ende seiner langen Suche hat er erkannt, dass die Erde unser wahres und einziges Zuhause ist und dass der Himmel, der gesamte Kosmos und die letztendliche Dimension hier mit Dir berührt werden können. Liebe Mutter, wir versprechen, zahllose Leben hindurch bei Dir zu bleiben und Dir unsere Talente, unsere Stärke und unsere Gesundheit darzubieten, damit viele weitere Bodhisattvas aus Deinem Boden erwachsen können.

X.
Kannst Du auf uns zählen?

Liebe Mutter Erde,

die menschliche Gattung ist nur eines Deiner vielen Kinder. Unglücklicherweise sind viele von uns durch Gier, Stolz und Unwissenheit verblendet, und nur wenige sind fähig gewesen, Dich als unsere Mutter zu erkennen. Da uns dies nicht klar war, haben wir Dir großes Leid angetan, und sowohl Deine Gesundheit als auch Deine Schönheit wurden dadurch in Mitleidenschaft gezogen. Unser verblendeter Geist treibt uns dazu, Dich auszubeuten und mehr und mehr Zwietracht zu schaffen, wodurch wir Dich und alle Deine Lebensformen belasten. Wenn wir tief schauen, erkennen wir, dass Du genügend Geduld, Langmut und Kraft besitzt, den ganzen von uns verursachten Schaden zu umarmen und zu transformieren, selbst wenn Dich das Hunderte Millionen Jahre kostet.

Wenn Gier und Stolz unsere grundlegenden Überlebensbedürfnisse in den Hintergrund drängen, ist die Folge stets Gewalt und unnötige Verwüstung. Wir wissen, dass es große Verluste und Schäden gibt und das Leben anderer Gattungen gefährdet wird, wann immer sich eine zu schnell entwickelt und dabei ihre natürlichen Grenzen überschreitet. Damit das Gleichgewicht wiederhergestellt wird, entstehen natürlicherweise Ursachen und Bedingungen, um die Zerstörung und Vernichtung dieser Gattung zu bewirken. Oft werden diese Ursachen und Bedingungen von der zerstörerischen Gattung selbst hervorgebracht. Wir haben gelernt, dass wir gegen uns selbst gewalttätig sind, wenn wir gegeneinander und gegen andere Gattungen Gewalt ausüben. Wenn wir wissen, wie wir alle Wesen schützen können, schützen wir uns selbst.

Wir verstehen, dass alle Dinge unbeständig und ohne ein abgetrenntes, eigenständiges Selbst sind. Du und Vater Sonne, Ihr verändert Euch, wie auch alles andere im Kosmos, unablässig, und Ihr besteht aus lauter Nicht-Ihr-Elementen. Daher wissen wir, dass Ihr in der letztendlichen Dimension Geburt und Tod, Sein und Nichtsein transzendiert. Dennoch müssen wir Dich schützen und das Gleichgewicht wiederherstellen, sodass Du für lange Zeit in dieser wunderschönen und kostbaren Form fortbestehen kannst, nicht nur für uns und unsere Kinder, sondern 500 Millionen Jahre lang und darüber hinaus. Wir wollen Dich schützen, sodass Du für weitere Äonen ein herrliches Juwel in unserem Sonnensystem bleiben kannst.

Wir wissen, dass Du uns auf eine Weise leben sehen willst, in der wir in jedem Augenblick unseres Alltags das Leben wertschätzen und die Kräfte der Achtsamkeit, des Friedens, der Festigkeit, des Mitgefühls und der Liebe erzeugen. Wir geloben, Deinen Wunsch zu erfüllen und Deine Liebe zu erwidern. Wir sind der tiefen Überzeugung, dass wir, indem wir diese heilsamen Kräfte erzeugen, das Leiden auf der Erde zu verringern helfen und dazu beitragen, das Leid, das durch Gewalt, Krieg, Hunger und Krankheit hervorgerufen wird, zu lindern. Indem wir unser Leiden lindern, lindern wir das Deine.

Liebe Mutter, es hat Zeiten gegeben, in denen wir aufgrund von Naturkatastrophen sehr gelitten haben. Wir wissen, dass Du, wann immer wir leiden, durch uns leidest. Die Überschwemmungen, Wirbelstürme, Erdbeben und Tsunamis sind keine Strafen oder Ausdruck Deiner Wut, sondern Phänomene, die gelegentlich stattfinden müssen, damit die Balance wiederhergestellt wird. Das Gleiche gilt für eine Sternschnuppe. Auch einige Tierarten müssen zuweilen Verluste ertragen, damit ein natürliches Gleichgewicht erreicht werden kann. In diesen Momenten haben wir uns an Dich, liebe Mutter, gewandt und Dich gefragt, ob wir auf Dich, Deine Stabilität und Dein Mitgefühl zählen können. Du hast uns nicht sofort geantwortet. Dann hast Du, uns voller Mitgefühl anschauend, gesagt: »Ja, sicher könnt ihr auf eure Mutter zählen. Ich werde immer für euch da sein.« Doch dann fügtest Du hinzu: »Liebe Kinder, ihr müsst euch selbst fragen: Kann eure Mutter auf *euch* zählen?«

Liebe Mutter, heute bringen wir Dir unsere feierliche Antwort dar: »Ja, Mutter, du kannst auf uns zählen.«

Auf dem Weg zu einer kosmischen Religion

WIR KÖNNEN EINE TIEFE spirituelle Praxis statt auf Dogmen oder Überzeugungen, die wir nicht überprüfen können, allein auf Offensichtlichem aufbauen. Von der Erde als einem großen Wesen zu sprechen, ist nicht nur eine Idee; jede und jeder von uns kann das selbst erkennen. Jeder kann erkennen, dass die Erde die Eigenschaften der Langmut und Stabilität besitzt und alles einbezieht. Wir können beobachten, dass die Erde jeden und alles ohne Unterschied umarmt. Wenn wir sagen, dass die Erde viele große Wesen geboren hat, Buddhas, Bodhisattvas und Heilige eingeschlossen, so übertreiben wir nicht. Buddha, Jesus Christus, Moses und Mohammed sind alle Kinder der Erde. Wie können wir die Erde als bloße Materie beschreiben, wenn sie so viele große Wesen geboren hat?

Wenn wir sagen, die Erde habe das Leben geschaffen, wissen wir, dass das nur möglich gewesen ist, weil sie den ganzen Kosmos in sich trägt. So wie die Erde nicht bloß die Erde ist, so sind auch wir nicht nur Menschen. Wir haben die Erde und den gesamten Kosmos in uns. Wir sind aus der Sonne gemacht. Wir sind aus den Sternen gemacht. Indem wir dieses wahre Wesen der Wirklichkeit berühren, transzendieren wir die dualistische Sicht, dass der Kosmos etwas Größeres als wir und verschieden von uns sei. Wenn wir tief mit dem Bereich der Phänomene, der historischen Dimension, in Berührung kommen, erkennen wir unser wahres Wesen von Nichtgeburt und Nichttod. Wir können alle Furcht transzendieren und die Ewigkeit berühren.

Jeder Fortschritt in unserem Verständnis von uns selbst, unserer Natur und unserem Platz im Kosmos vertieft unsere Verehrung und Liebe. Verstehen und lieben sind zwei grundlegende Bedürfnisse. Verstehen hat eine gewisse Verbindung zur Liebe. Verstehen kann uns in Richtung Liebe führen. Wenn wir uns der großen Harmonie, Eleganz und Schönheit des Kosmos bewusst werden und sie verstehen, werden wir große Bewunderung und Liebe empfinden. *Das* ist die grundlegende Art, die Basis religiösen Gefühls: Es gründet auf Offensichtlichem und unserer eigenen Erfahrung. Die Menschheit benötigt eine Art von Spiritualität, die wir alle gemeinsam praktizieren können. Dogmatismus und Fanatismus sind die Ursache tiefer Trennung und großer Kriege gewesen. Missverstehen und Geringschätzung sind die Ursachen enormer Ungerechtigkeit und Zerstörung gewesen. Im 21. Jahrhundert sollte es uns möglich sein, zusammenzukommen und uns selbst eine Art von Religion anzubieten, die helfen kann, alle Menschen und Nationen zu vereinen und alle Trennungen und wertenden Unterscheidungen aufzuheben. Wenn vorhandene Religionen und Philosophien ebenso wie die Wissenschaft eine Anstrengung unternehmen, in diese Richtung zu gehen, wird es möglich sein, eine kosmische Religion zu begründen, die nicht auf Mythos, Glaube oder Dogma basiert, sondern auf dem Offensichtlichen und der Einsicht in das Intersein. *Das wäre ein Riesensprung für die Menschheit.*

Der alte Bettelmönch

Indem du Fels bist, Gas bist, Dunst bist,
Geist bist, indem du die Mesonen bist,
die in Lichtgeschwindigkeit
zwischen den Galaxien reisen,
bist du nun hierhergelangt, Geliebte.
So schön, so tief leuchten deine blauen Augen.
Du hast den Weg genommen,
der für dich gezeichnet war
vom Nicht-Beginnen und Niemals-Enden her.
Du sagst, du seist
auf deinem Weg hierher
durch viele Millionen Geburten und Tode gegangen.
Unzählige Mal bist du verwandelt worden
in Feuerstürme im Weltenraum.
Du hast deinen eigenen Leib genutzt,
das Alter der Berge und Flüsse zu messen.
Als Bäume, Gras, Schmetterlinge, einzellige Wesen
und Chrysanthemen

bist du in Erscheinung getreten.
Doch die Augen,
mit denen du mich heute Morgen anblickst,
sagen mir, dass du nie gestorben bist.
Dein Lächeln lädt mich ein zum Spiel,
dessen Beginn niemand kennt,
das Versteckspiel.

Oh grüne Raupe, feierlich nutzt du deinen Leib,
die Länge des Rosenzweigs zu messen,
der letzten Sommer gewachsen.
Alle sagen, dass du, Geliebte,
erst in diesem Frühling geboren wurdest.
Sag mir, wie lang bist du hier?
Warum auf den Augenblick warten, in dem du dich
mir offenbarst und dies Lächeln mit dir führst,
das so still und so tief?
Oh Raupe, Sonnen, Monde, Sterne fließen hinaus
jedes Mal, wenn ich ausatme.
Wer weiß, dass das unendlich Große in deinem
winzigen Körper gefunden werden muss?
Auf jedem Punkt an deinem Körper
sind Tausende Buddhafelder.
Mit jeder Streckung deines Leibs misst du die Zeit
vom Nicht-Beginnen zum Niemals-Enden.
Der große Bettelmönch vergang'ner Zeiten

ist immer noch auf dem Geiergipfel
den stets prächtigen Untergang der Sonne betrachtend.

Gautama, wie seltsam!
Wer hat gesagt, dass der Udumbara
nur einmal alle 3000 Jahre blüht?

Der Klang der steigenden Flut –
du kannst nicht anders, als ihn hören,
wenn du ein aufmerksames Ohr hast.

THICH NHAT HANH

Buddhistische Inspirationen für den Alltag

Zachiah Murray
Achtsamkeit im Garten

Mit diesem Buch wird das Gärtnern zur spirituellen Praxis, bei der das Erleben im Hier und Jetzt in den Vordergrund rückt. Achtsamkeitsverse bringen den Leser und Gärtner während seiner Tätigkeit in Verbindung mit sich selbst und dem Wunder des Lebens.

ISBN 978-3-485-02804-2

Renate Seifarth
Buddha at home

Ruhe, Klarheit, Gelassenheit mitten in unserem stressigen Leben finden und in der Stille tiefe Weisheiten erkennen. Die erfahrene Meditationslehrerin begleitet uns auf einem Retreat zu Hause. In sieben Schritten führt sie durch die wichtigsten Themen und gibt Hilfestellungen für mögliche Hindernisse.

ISBN 978-3-485-02803-5, mit CD

nymphenburger
www.nymphenburger-verlag.de

Mit Freude im Hier und Jetzt

Thich Nhat Hanh und die buddhistische Gemeinschaft von Plum Village verfügen über jahrzehntelange Erfahrung im Umgang mit Kindern und Jugendlichen und teilen mit diesem Buch ihren großen Wissensschatz. Einfache Übungen zur Förderung der Konzentration und für den besseren Umgang mit schwierigen Emotionen werden ebenso vorgestellt wie Tiefenentspannung, geleitete Meditationen und Lieder auf der CD.

Heilung für unsere Kinder – und für unsere Welt

Thich Nhat Hanh
Achtsamkeit mit Kindern
Mit Illustrationen und Übungs-CD, ISBN 978-3-485-01388-8

nymphenburger
www.nymphenburger-verlag.de